沖縄の怒り——政治的リテラシーを問う

目次

Ⅰ章　基地問題・辺野古・沖縄の尊厳回復

Ⅱ章　政治的リテラシー・教育・カジノ問題

Ⅲ章　政治への「怒」・ＴＰＰ・憲法

Ⅳ章　新聞各紙への投稿・書評

沖縄の怒り——政治的リテラシーを問う

与那覇恵子

Ⅰ章　基地問題・辺野古・沖縄の尊厳回復

領土問題　沖縄また犠牲
――同盟強化・愛国心ＰＲに反対

（沖縄タイムス２０１２・10・18）

12日付本紙の「大弦小弦」では「戦争はいつ来るか分からない。若い人も危機感を持って」との慰霊祭参列者の言葉を紹介し、昨今の中国、韓国との緊張感の高まりからくる「憲法改正」や日米同盟強化を主張する声の強まりを危惧している。オスプレイ導入への反対運動と軌を一にして、中国、韓国との領土問題が浮上していることに疑問や危惧を抱いているのは私だけではないだろう。そのような領土問題をめぐる緊張を利用したい人々が内外に多いからだ。極東における最強の存在を維持したいアメリカやそれに沿った日米同盟路線維持を必須とする日本の政治家たちである。

アメリカの政策の変化は明確であるにもかかわらず、戦後の日本重視の姿勢をいまだに信頼するからか、他の選択肢を見つけきれないからか、相変わらずアメリカ追従の政治家たちは政権争いで国会を空転させている。これまで基地問題が大きく浮上すると本土メディアは日米同盟の弱まりを危惧する報道を盛んに流してきたが、領土問題をめぐる隣国との緊張関係が最悪の状態を迎えた場合、日米同盟信頼派は大きな失望を味わうことになるかもしれない。同盟はアメリカ主体のものでありアメリカという国の利が最優先であり、その利に沿わない場合は何らの期待もできないという当然の理由からである。

　日米同盟は不確かでも、本土防衛のため大きな犠牲を払った沖縄、日米同盟の負担を常に負わされてきた沖縄は、その領土問題による最悪の状態からまたもや被害を受けることだけは確かである。３日付の朝日新聞のオピニオン欄で尖閣列島戦時遭難者遺族会会長である慶田城用武氏は島での慰霊祭が政治に利用されていることに疑問を投げかけ次のように述べる。「偏狭なナショナリズムの思想をもつ活動家たちが不穏なこの時期に慰霊祭をするというのは紛争の火種になりかねない。ひとたび紛争がおきれば、八重山諸島の住民生活はたちどころに崩壊していく。石垣は国境の島だからこそ、守るのではなく開いていった方が良い。交流が進めば信頼関係が生まれそれが結果的に守ることになる」と。

　愛国心は自身の家族、地域の人々等小さな共同体から始まるものであり、それを犠牲にしなければならない人々に愛国心を説く人々はえてしてその犠牲から遠い人々なのである。かつての戦争で犠牲を払い、その結果現在も犠牲を払い続け、将来も犠牲になりかねない沖縄こそ領土問題をめぐる日米同盟強化や愛国心キャンペーンに声を上げなければならない。

基地では豊かにならぬ
——失業率・貧困率の高さが示す

（沖縄タイムス２０１４・１・22）

歴史とは縁が無い私だが最近沖縄の戦後史について学ぶ機会があり、現在を考えるには歴史を学ぶことが大切であることを感じた。沖縄の戦後は、住民の４人に１人が犠牲になった沖縄戦の終了から始まる。戦没者総数20万６５６人、日本側戦没者数18万８１３６人のうち沖縄県民12万２２２８人（米軍１万２５２０人）沖縄戦に関連した死亡者（マラリア、餓死）を含めると県民の犠牲者は15万人前後とされる。日本兵による食料強奪、避難壕からの追い出し、方言を話す住民をスパイとして虐殺、手りゅう弾を渡しての集団自決の強制。安全と考え日本軍がいる場所に逃げた住民ほど戦死し、木製の大砲を造る等してけん制した村ほど集中爆撃された。沖縄戦から学んだのは「軍隊は住民を守らない」「武力は武力を誘発する」という教訓である。

日本兵に比べ人道的だった米兵に戦後まもなくは米国属領になることを希望する者が多かったというが、６カ月間で殺人29件、レイプ18件、強盗16件、傷害33件という米兵による犯罪や事故の多さに、人々の心は離れていく。さらに朝鮮戦争による基地拡張で土地強制接収が続く。行く先々で３度も立ち退かされた母親は「もう行く所もない。目に見えるもの、手に触れるものすべて失ってきた」と嘆き、目前で畑を壊される人々はころがる芋を少しでも確保しようとブルドーザーの前に身を投げ出した。

普天間基地について、わざわざ基地周辺に住む住民が悪いとの発言があったが、土地強制接収の歴史に無知であるとしても、狭い沖縄に広大な基地が存在する事実認識も無いことは残念である。

そのような混乱した沖縄で始まった復帰運動は教員が主体であった。それは運動が校舎建設、つまり教育の復興にあったからだということに驚いた。殺害されてもひき殺されても米兵は無罪という無きに等しい沖縄人の基本的人権確保、つまり平和憲法が目的と思っていたからだ。当時、芋とはだしの生活に戻ると復帰に反対し米軍寄りだった政治家は復帰後は自民党大物となる。1950年代は反基地運動で本土の基地は沖縄に移され基地は強化、「基地のない平和な沖縄」という復帰は実現しなかった。

さて基地建設で沖縄は雇用が増え豊かになるのか？　ではなぜ基地が最も多い沖縄が失業率、貧困率が高いのか？　沖縄を訪れた中東の若者が人が住んでいることに驚いたという。住民の居ない基地だけの島と思っていたのだ。新たな基地建設で「沖縄が要塞《ようさい》化される」との平良朝敬氏の発言は的を射ている。

誇りある反基地の姿勢
——沖縄側の「首尾一貫性」期待

（沖縄タイムス2015・1・15）

「沖縄の人を尊敬しました」昨年11月の知事選挙。10万票差で辺野古基地建設にNOを突き付け翁長雄志現知事が当選した翌朝、他県出身の同僚に掛られた一言だ。「名護市民を尊敬しました」。辺野古基地建設にNOを突き付けた稲嶺進現名護市長が誕生した翌日、名護市出身の友人に私が掛けた一言だった。そこにあった敬意は、権力や金に迎合せず「飴《あめ》と鞭《むち》」政策に屈することなく貫き通した住民の強い信念や意思に対して向けられたものだった。

今年の年賀状には「沖縄はこれからが正念場です」と書き、個人的には「一貫性を大切にして生きたいと思います」と書いた。職場などでおかしいと思って上司に抗議した結果、周りから疎んじられたり敵をつくったりすることはよくあることだが「長い物には巻かれよ」主義が嫌な私にとってそれは想定内でそれに負けたくないと自戒を込めて書いたものだ。

『本土の人間は知らないが、沖縄の人はみんな知っていること——沖縄・米軍基地観光ガイド』の筆者が「日本は『基地』と『原発』をなぜ止められないのか」を最近出した。そのタイトルに「いまさらそんな疑問」、そんなこと「本土の人間は知らないかもしれないが、沖縄の人はみんな知っていることだ」と正直感じた。それでも具体的データが欲しくて手にしたこの本の「日本の政治家や官僚にはインテグリティがない」に引かれた。

インテグリティとはアメリカ人が人間を評価する場合に重要な概念で「首尾一貫性」ということであり、強いものから言われたからといって自分の立場を変えない、自分の利益になるからといってポジショントークをしないことで、実はアメリカ人の交渉担当者たちから、それがない日本の政治家や官僚たちは心の底から軽蔑されているといった証言がいくつもあるという。冒頭の敬意は住民のインテグリティに対して向けられたものだったと気づかされた。

自分の利のままに日本の政治家や官僚を動かしているアメリカの政治家がそれに追従する日本の政治家や官僚を実は軽蔑しているということも矛盾に満ちていて、それに甘んじる日本の政治家が哀れであり、それに気づけない本土の人間が多いことも問題だ。沖縄の人たちがすでに知っている『大きな謎』の正体に本土の人たちも気付き始めた。孫崎享氏の『戦後史の正体』が果した役割は大きい。今年は沖縄の住民とその住民が選んだ政治家のインテグリティに本土の住民や政治家が学んでいく年となることを期待し、そのインテグリティを貫くための困難を想定内とし大きな権力への挑戦の決意を新たにしたい。

沖縄の尊厳　回復の闘い

――新基地建設　捨て石作戦と同質

（沖縄タイムス2015・11・27）

東京出身の友人との会話だ。米軍基地についての話題だったが、唐突に「自衛隊にも反対なのか」と問われ「沖縄は沖縄戦で日本軍が住民を守らなかったという体験をしているので軍隊には懐疑的だ」と答えたところ「だって沖縄は遠すぎて守り切れないでしょ」との返答がきて驚いた。

十数年以上前に読んだ投稿文の記憶がよみがえった。自衛隊幹部となった沖縄出身の男性が「幹部となって沖縄は守り切れないとのことで守備範囲に入っておらず、九州以北を守ることが常識であることを知り自衛隊を辞めた」と書いていたのである。現在の状況は異なるのかもしれないがしかし、そのような考え方をする人たちがいることは事実である。

沖縄戦で取られたのは老若男女全ての住民を巻き込んで本土上陸を阻む時間稼ぎの捨て石作戦であったが先島での自衛隊配備、辺野古新基地建設、現在進行中のもろもろはかつての捨て石作戦と実は本質的に同じと言える。実際、石破茂氏は八重山の住民一人一人が防衛隊となってほしい旨の発言をした。「本土防衛のために沖縄は犠牲になってもらいたい」。それは佐賀のオスプレイ配備反対は1年半で聞き入れても、何年も10万人規模の反対集会を繰り返す沖縄県民の民意に対しては警察隊を増強し強硬姿勢を崩さず、慰霊の日に参院選公示をしようとする現政権の本音だろう。

　では沖縄はその役割に甘んじるべきなのだろうか？　周りの愛する人々を守れなくとも日本本土を守れることで満足すべきなのだろうか？　唯一の地上戦で3人、4人に1人の犠牲を出し、戦後は27年間の米軍占領下、レイプで殺害されても軍用車にれき死されても米兵は無罪放免となる治外法権で命も権利も軽視されてきた。復帰後は自衛隊が配備され米軍基地は維持され、今また世界一危険とされる普天間飛行場を返還する代わりに新基地が強制される。そのような状態に当然の役割として甘んじるべきなのだろうか？

　先の会話では「では沖縄を守ってあげてもいいけど」との発言が続きさらにショックを受けることとなる。結局、沖縄を日本の1県と見なしていないのでは？　どこかで沖縄を切り離していないか？　だからこその翁長雄志知事の「沖縄差別」の発言なのだ。霞が関や永田町のエリートたちと接していてそれを肌で感じるからこその彼の発言なのかもしれない。「沖縄よ、甘えるな！」という本が売れている。「甘えているのはどちらか？」つぶやきが聞こえる。辺野古新基地建設反対は沖縄の尊厳を取り戻すための闘いなのかもしれない。

辺野古反対へのデマに反論
——原動力は「平和を次世代へ」

（琉球新報２０１６・１・５）

「辺野古基地建設反対運動をしている人たちってお金をもらってやってるんですよね」

20代の若者の発言に驚いた。友人、知人が身銭を切って辺野古に行き、バス賃がばかにならないことを嘆きながら、それでも自らの小遣いから差し入れをしたり、カンパをしたりしている状況を知っているからだ。皆、気持ちで動いており、金で動いている者など一人もいない事実を知っているからこその驚きだった。

若者は「ネットにそうありましたよ」と言う。辺野古に乗り合いバスで定時に来て定時に帰るという行動も、お金をもらっているからだと。ネット上の偽情報を簡単に信じる。新聞をほとんど読まず、情報源をネットに頼る若者にはありがちなことである。

しかし、宮古島市議が若者と同じレベルでネット上の偽情報などを事実確認もせず、それを基に議会で質問していることには怒りを通り越し、あきれてしまった。いわく「辺野古基金からの日当、弁当付きでデモをしている」。人は自らの価値観でしか他を判断できない。このような情報を流す人は、逆に「お金なしにはデモに参加できない」という自らの価値観を表明しており、逆に「では、あなた方はお金をもらって基地建設反対運動に反対しているんですか」と問われることになる。

辺野古基地建設反対運動は「辺野古基金」から日当、弁当をもらっていないどころか、現場に必要な備品にもそれは支出されていない。それについては、現場を訪ねた友人が以下のメールを寄せている。

「現場ではメガホンが壊れていてもなかなか修理に出せていないとか、蓄電池も中古を買うのですぐに故障するとか、電池も錆《さび》たものを捨てずに置いて、また使える時に使うとか、とても切なくなる話ばかりでした」「フェイスブックでも『テントにカンパを！』と募っておられるようですが、これこそ『辺野古基金』から資金を出してほしいものだと思いました。実際、県外の方からも『どうして辺野古基金から助けてもらえないのですか』というコメントも見かけました。現場はそれでなくとも大変なのにその上、節約を強いられるとは、何ともつらいお話でした」

せめて備品代は欲しいところだ。沖縄も冬は寒い。これから辺野古の現場はさらに厳しい状況となる。それでも「平和な沖縄」をこれからの世代に残したいとの思いだけで、人は辺野古の現場に集まり続ける。若者にその背中を見てほしい。

妥当性を欠く2紙批判
――中立よりも必要な権力監視

（沖縄タイムス2016・1・15）

テレビ朝日の「報道ステーション」メーンキャスター古舘伊知郎氏が3月末で降板する。辺野古問題を含め現政権への批判も率直だった彼だけに、政府の圧力があったのではとの懸念も拭えない。コメンテーターだった古賀茂明氏は降板時に、菅義偉官房長官からの圧力があったことを公の場で明言した。離職のインタビューで古舘氏は「ニュースキャスターは反権力、反暴力で、表現の自由を守る側面もある。キャスターが意見を言ってはいけないことはない。偏っていると言われれば私は偏っている」と述べている。

沖縄の2紙に対しても辺野古問題に関し反対運動に偏った報道をしていると批判をする政治家がいる。その批判は妥当ではない。辺野古基地建設は県内で8割以上が反対しているという調査結果や過去の選挙結果が示すように、県民の大多数が反対し懸念する大きな問題である。

地方紙は地域の人々が最も重要だと捉える問題を取り上げ、民意を反映する義務がある。それよりさらに重要なことは、古舘氏の言葉が示すようにメディアは「反権力、反暴力で、表現の自由を守る」存在であるべきだということだ。選挙という民主主義にのっとった正当な手段により示された民意を、暴力で押さえつけようとしているのは権力を持つ側であることは辺野古の現場を訪ねてみれば一目瞭然である。

中立は聞こえが良い。しかし中立とは往々にして、その問題に対し無知、無関心であるか、自己保身のために意見を明確にしないかということでもある。「もしあなたが不正義が行われている状況で中立なら、あなたは圧制者の側を選択したことになる」。アパルトヘイト（人種隔離）に立ち向かったツツ牧師の言葉だ。孫崎享氏は「地獄の最も暗黒な場所は道徳的危機の時に中立を保っていた人のために用意されている」とダンテの言葉をその著で紹介している。

特に政治的に賛否が分かれる問題では報道や教育の場で中立が要求される。しかし、アパルトヘイトやユダヤ人迫害もその時代の賛否ある政治的問題であったし、抑圧される側と抑圧する権力側との対立があったわけで、その時メディアや教育現場は中立の立場に立つべきだったたろうか？

過去の問題は現在の問題より見えやすい。大切なことは、中立であるよりも、何が正義でどちらが権力をもち暴力的であるかを判断する力であり、表現の自由を守るためにも意見を明確に言える勇気である。それが最も要求されるのがメディアであろう。

「抑止力」の効果に疑問
――沖縄戦の被害・惨劇が示す

（沖縄タイムス2016・3・24）

私は基地があり自衛隊が配備されるからこそ戦争被害の危険は増すと考えるが、それに対し軍備（基地）は戦争抑止力との立場で「抑止力は必要」との反対意見がある。具体例、琉球王国は軍備が無かったから薩摩に制圧された、基地攻撃よりは後方攻撃が戦果大、フィリピンは中国の脅威に米軍を呼び戻した等は説得力がある。

しかし、琉球に軍備があれば闘いは長期化、拡大し双方の兵士のみならず一般人を含め何倍もの人命が失われたことは確かだ。より甚大な被害の結果、結局、制圧された可能性は高い。「戦世も終わってみろく世もやがて、嘆くなよ臣下、命ど宝」と詠んだ琉球国王の民を思う心根は深く、欲深く権力拡大を狙った秀吉より君主として数段勝る。

米軍は基地を攻撃しなかったわけでなく基地を含めて後方攻撃もした。フィリピンはなぜ米軍基地を撤去したか？　基地の利より被害が勝ったからで、中国脅威への米軍基地の抑止力は安保が日本を守るかどうかと同様、不透明だ。脅威は仮想敵国に対して抱くもので、あくまでそれは仮想だ。かつて日本にとってそれは米国の仮想敵国ソ連であったが、ゴルバチョフが米国の敵であることをやめる宣言をした後ソ連脅威論は消え、中国が国力を増し米国が脅威とみなすようになると、日本では安倍政権後、中国脅威論が高まってきた。

「思考は現実化する」という。戦争に備える軍備は戦争前提であり、外交を軽視する脅威論は戦争につながる。最強軍事力保持の米国やソ連に戦争が絶えない歴史は軍備が戦争抑止となりえず、人が起こす戦争を抑止するのは人の思考でしかない事実を示す。抑止論は軍拡競争により世界の不安定化を生み出した。防衛には敵の武器への攻撃は必須、基地や自衛隊が攻撃されるのは自明だ。防衛と思い木造の大砲を置いた村は徹底して攻撃され、軍が守ると南部に避難した住民ほど犠牲は大きかった。日本軍は食糧を奪い避難壕から追い出し集団自決を促した。「軍隊は住民を守らない」は沖縄戦が残す教訓だ。

根本的に米軍基地は米国防衛が目的で日本や沖縄を守る義務はない。日本、沖縄の基地は、遠くに犠牲を限定し自国の安全を図る防衛論だからだ。米国等の強国が代理戦争を好んできた歴史も考慮すべきで、現に米国の日中戦争利用の戦略が漏れ聞こえる。日本も遠い沖縄に自衛隊を配備、実践済みの「捨て石作戦」で沖縄には自己犠牲で本土防衛をとの考えだ。軍備（基地）の戦争抑止は実証されておらず、防衛の地の危険と犠牲は悲しくも沖縄が体験、実証済みだ。

新たな痛みを押し付けるな
――基地故の米軍属事件

（琉球新報２０１６・５・28）

米軍属による女性遺棄事件に、沖縄中の人々が怒っている。一方で犯人が米軍人でないことを米軍や日本政府は強調したがり、「今回の事件は政治には関係ない」と言う人々もいる。そうだろうか。

沖縄の自民党幹部は抗議決議案に辺野古問題を盛り込むことを拒否し、事件の政治利用を許さないとしている。事件に怒り、新基地建設に反対することは事件を政治利用することなのか。さらに、被害者が夜8時にウォーキングしていたことを非難する人々もいる。夜のウォーキングは非難されるべき行為なのか。

犯人は2年前まで米軍人であり、現在は基地に勤める米国籍男性である。米軍属であることは、米軍基地関係者がその責を逃れる理由にならない。

基地建設に反対するのは、基地あるが故の事件・事故に苦しんできた事実があるからだ。新基地容認の自民党が反対声明を拒否するのは当然だが、同様に新基地反対者が今回の事件を基地あるが故と反対の声を強めるのも当然である。

事件の政治利用という表現は、「最悪のタイミング」と繰り返す自公政権同様、選挙優先思考を逆に露呈していないか。

「事件と政治は関係ない」と言う人々は、事件と基地の存在は無関係だと言うのだろうか。夜のウォーキングを責める人々は、「いじめられる人も悪い」とか、詐欺被害者に「騙《だま》されるのも悪い」という言い方と同じである。加害者を弁護し、被害者を貶《おとし》める人々と同じで、正すべき悪を弁護し、守るべき弱者をさらに傷付けていることを知るべきだろう。

そもそも、いつから普天間飛行場移設＝新基地建設容認になったのか。1995年の少女乱暴事件に対する沖縄の怒りに時の政権が約束したのは沖縄の基地負担軽減であり、普天間飛行場の県外移設だ。それがいつの間にか、県内移設前提となり貴重な自然環境を破壊し、沖縄の観光産業に犠牲を強いる新基地建設へ変わった。

老朽化し、街中にある「世界一危険」な普天間飛行場の代わりに、過去に米軍が推薦した大浦湾に政府予算で機能強化の基地が建設される。米軍は大喜びだ。

新基地反対は、普天間飛行場移設反対ではない。新基地と普天間のリンクに反対しているのだ。痛みを取ってやると言い、代わりに新たな痛みを押し付ける子どもだましを容認すれば、その後の事件・事故への抗議も、「沖縄が容認したから」とされかねない。

容認を現実的解決とすることは、県内に痛みを移し替え、県民が長期にわたって基地に伴う事件・事故の被害者となり続け、最終的には再び戦争被害者となることを意味する。新基地に反対し普天間飛行場撤去を主張し続ける方が理と利に適《かな》っている。

弱者の主張　報道は当然

――「偏向」論調に危機感覚える

（沖縄タイムス２０１６・11・10）

最近、違和感や危機感を覚えるのは次のような論調だ。新聞報道に対し「辺野古、高江の反対運動ばかりを取り上げていて偏っている」「辺野古住民の中には賛成派もいるのにその少数の声を無視している」「良い米兵もいるのに、罪を犯す米兵だけ取り上げる」。一見、公平な報道を求める声、あるいは少数者の声を取り上げよというまっとうな意見のように聞こえる。果たして、そうだろうか？

例えばまだ過去の問題とはなりえていない米国での人種差別問題を考えてみよう。人種差別問題を取り上げる新聞報道に対し「人種差別への反対意見ばかりを取り上げていて偏っている」「(今や少数である) 人種差別主義者の白人の主張を無視している」「良い白人もいるのに差別主義者の白人だけ取り上げる」等の批判をまっとうであるとして支持する人はどれだけいるだろうか？　また、そのような批判に従う米国の新聞があるだろうか？

違いは何か？　人種問題に関しては、黒人が奴隷で当たり前だった時代と異なり人種は平等であるべきだとの共通認識が確立されている。一方、辺野古、高江の問題は政治的問題として渦中にあり「戦争の基盤となる基地建設は悪」「自然破壊は悪」が共通の道徳として認識されていないか、認識しても「防衛」「経済」等を優先するからだ。しかし人種差別問題も過去においては渦中の政治問題であり「経済」問題であった。

ジャーナリズムのあるべき姿は、すべてを同等に報道することにあるのではなく抑圧される弱者の声を取り上げ、社会の問題を指摘し、あるべき方向に導くことにある。だからこそ、誰が弱者で何が正しいのかとの判断力が必要となる。抑圧者対被抑圧者の構造においては強者の抑圧者ではなく弱者の被抑圧者の声を取り上げるべきである。

辺野古、高江問題では、強力な政権を背景に警察力を導入して蹴散らしているのは、権力や財力で恐喝しているのは抑圧者である日本政府であり米軍だ。選挙という民主主義にのっとった法的手段で反対の声を何度も上げながらも取り上げてもらえず、暴力で排除されているのは被抑圧者である沖縄である。辺野古、高江問題においては県内で賛成派は少数だが、その少数派の後ろ盾は強力な権力だ。

それが明確でありながら、なお上のような主張をする風潮に感じる危機感は、本来自分も弱者でありながら権力者や抑圧者に共感を覚える、あるいは、そのような自分を自覚しない人が増えることであり、何よりそれを画策する人々がいることにある。

一刻も早く知事権限を
――沖縄を取り巻く反知性主義

（琉球新報2017・2・15）

トランプ大統領のイスラム教徒入国拒否に同盟国からも強い批判が続出する中、予想を裏切らず安倍首相は「コメントする立場にない」と日本の米国への隷属ぶりを発信した。基地問題への理解を求め訪米した翁長知事だが、予想通り有力者との対談はかなわない。トランプ氏の非論理性、反知性が憂慮されつつ、米国が世界の警察である必要はないとの発言に基地負担軽減を期待する声もあったが、金引き出し戦術であることは言うまでもなく、安倍首相とマティス国防長官は「辺野古唯一」に合意した。基地問題を巡る状況が厳しさを増していることに落胆するが、最高裁判決を含め想定内の展開でしかない。

政治腐敗が批判され自民党から民主党政権へ変わるも右傾の安倍政権へ。イラク侵略テロ戦争と中東混乱を導いたブッシュ政権から初の黒人大統領オバマ氏へ変わるも人種差別主義のトランプ大統領へ。日米共に振り子は逆向きに大きく振れ、その暴走に党内からも批判があることも共通する。日本だけでなく世界的に弱者にとって厳しい社会になりつつある現実に向き合わざるを得ない。

では私たちはどうすべきか。答えを求め「沖縄はどうすべきか」緊急シンポジウムに参加した。多くを学んだが、結局、道理が通らぬことに「ノー」と言う市民であり続けるしかないと納得した。

ロバート・エルドリッヂは著作で「NOしか言わない沖縄でいいのか」と書いたが、反対せざるを得ないことを押し付け続ける強者の観点だ。彼は基地賛成もいると「オール沖縄」も否定するが、100パーセントが合意の組織、運動はあり得ない。沖縄の運命を握ってきた日米政府だが、その政治的圧力に抗い続けた市民の力が運命を動かしてもきた。

現場で闘う人たちの悲鳴の中、大量のブロックが投げ込まれ埋め立てが始まり「知事は米国より現場に行くべきだ」と米国のうちなーんちゅは怒った。その気持ちは痛いほど分かるが「オール沖縄」は辺野古新基地建設阻止のもと大同小異でつながるが故、批判より理解をという考えではないかと思う。

トランプ大統領側近バノン氏は「5〜10年以内で南シナ海で戦争をすることになる」と明言する極右。基地建設を急ぐのもその戦争に間に合わせるためか。皮肉でなく現実だ。3人に1人が犠牲となり全てが破壊された70年前と同じ運命をたどることに沖縄は「ノー」と叫ぶ権利がある。山城博治氏の不当勾留にも県民集会で抗議したい。

公約を破って平気な政治家に市民、県民は裏切られてきたが、知事を信じその権限による一刻も早い阻止を待つ。

米基地　沖縄経済を脅かす
――戦争で得する戦略見抜いて

（沖縄タイムス２０１７・７・29）

基地問題に関しては多くの誤解がある。よく聞く誤解は「基地が沖縄の経済を支える」と「基地がなければ中国が攻めてくる」という論だ。

そもそも基地で経済が潤うなら、在日米軍専用施設を全国の74・６％も抱える沖縄は全国一貧しい県ではなく全国一豊かな県のはずだ。経済効果を考え他県も喜んで基地を引き受けるはずだ。県経済の基地依存度は２０１３年度５・１％で、基地経済とはいえない。一方、基地返還後の跡地利用による経済効果は、桑江北前地区は１０８倍、新都心は32倍、小禄金城地区14倍。どの地区も軍関係雇用者の数十倍以上の雇用を創出した。

基地賛成派が憂う軍関係雇用や地主の問題は跡地利用により保障されることが事実として示されている。住民が入れない、人を殺す戦闘訓練をする基地が、子供たちが歓声をあげ主婦が買い物をするにぎやかな市民の憩いの場へと変わった、その光景が語る意味は大だ。観光産業は県経済を潤す最大収入だが、01年米同時多発テロ後に米軍施設が多い沖縄は危険だと、旅行のキャンセルが続出、修学旅行だけで30億円の被害が出た。

世界の不安定化で基地は経済を脅かすだけではなく、住民の命を脅かす。日本は米国の敵がソ連だった頃はソ連脅威論一本だったが、米国が中国をライバル視し始めると中国脅威論を言い始めた。沖縄や日本は中国人観光客で潤っているのに不思議だ。脅威をあおり立て米軍が日本を守ると基地を称賛するが、米国に日本を守る義務はなく、ジャパンハンドラーと呼ばれる日本を牛耳る米国政治家が発表した日中戦争企画は今や知られている。その第一歩としての自衛隊を戦闘可能にする案はすでに安倍内閣によって実現した。日中緊張関係の創出も中国脅威論を高める人々によって実現した。次は米国先導による戦闘突入のきっかけづくりだ。

米軍と日本軍の両方から逃げ惑った沖縄戦の教訓は「軍は住民を守らない」だ。中国も自国経済を破壊する戦争をやりたがってはいない。あおり立てるのは誰か、得をするのは誰か、冷静に見極めなければならない。戦後70年余、米軍による多くの事件・事故に苦しんできた沖縄、怒りは限界を超えたが、それでも私たちは冷静だ。日本政府の再発防止策のパトロール強化や軍属の範囲を狭める米国に寄り添う策の偽善も見抜いている。どの県も基地を引き受けない事実こそ、基地は利より害が勝ることを示す。基地を引き受けるとは一言も言わない他県の人が沖縄の基地の功を説く意味も、冷静に把握している。

沖縄の2紙　県民の声代弁
――反基地の果たすべき役割

（沖縄タイムス2017・8・23）

辺野古新基地反対集会を伝える沖縄の2紙に感動した。集会当日のタイムス「沖縄は忘れない」と銘打った1枚には涙が止まらなかった。米軍占領下での人権なき沖縄の苦難に満ちた悲しい歴史と今に続く厳しい現状が凝縮されていた。それは県民がなぜ新基地に反対するのか、その思いを代弁していた。県民の4人、いや3人に1人ともされる沖縄戦の犠牲の上に、日米の決定により積み重ねられた米軍占領下でのさらなる犠牲、その犠牲の上にさらに積み重ねられようとする新基地という負の遺産による新たな犠牲、いつまで沖縄は日本の米国への犠牲でなければならないのかとその1枚は訴えていた。

「沖縄の2紙は偏っているから本土大手新聞を読む」と発言した前沖縄県知事、「一方的な事しか書かない地元紙」の子供たちへの影響を懸念すると述べた沖縄の野球界の指導者。長崎の被爆者が安倍晋三首相へ「あなたはどこの国の総理ですか」と問うたが、私も問いたい。「あなたはどこの県の方ですか」と。地方紙が代弁するのはそこに住む住民の声であり、東京都民や日本政府の声ではない。原発事故で多大な犠牲を払った福島の新聞も政府の政策に沿って原発賛成を唱えるべきか？　沖縄の他県と異なる、基地あるが故の苦難に満ちた歴史は、その歴史を強いてきた側である中央が代弁できるはずがない。その歴史の上に今日があり、その歴史に続く今日を沖縄の2紙は伝え、その上に立って県民の声を拾い上げている。

もちろん人の数だけ意見も異なる。辺野古新基地賛成者にとって反対運動を取り上げる地元紙は一方的と映るだろう。しかし、そこには県民の8割以上が反対という以外にメディアとしての果たすべき役割がある。地域にとって有益かどうかだ。経済効果がうたわれた基地が逆に経済を阻害している事実は証明済みだ。戦争を防ぐとされた軍の存在が逆に戦争の犠牲を誘い込む事実も証明済みである。沖縄戦や占領の犠牲を払い沖縄が学んだ。観光資源の自然環境を破壊し戦争につながる基地を承認する、他国へ武力介入を続ける米国に加担する是非も問われる。

加害者でなく被害者、強者でなく弱者の側に立つジャーナリズムもある。当然、地方紙が政府や中央を代弁する大手メディアと同じになれば存在価値を失う。沖縄の2紙は左翼的だと言われたりもするが、ほとんどが日本会議所属の現政権は右翼的と世界から非難されている。沖縄の2紙が他と異なるなら、異なる歴史故であり、そこにこそ沖縄が今果たすべき役割がある。

生活を脅かす沖縄の基地

——期待高まる観光にも大打撃

（沖縄タイムス２０１７・10・17）

72年前（１９４５年）の10月初め、ある米兵が将来の沖縄を予言している。「メイン、カリフォルニア、テネシー、バージニア、どの州出身の米兵であれ沖縄には故郷を思い出させる場所が在る。将来きっと沖縄は極東の強力な基地となるとともに観光地となるだろう」。沖縄戦のため6ヵ月前に上陸したばかりの米兵が現在の沖縄を予言したことが興味深い。今や観光業は県収入を支える沖縄の基幹産業となった一方で、基地は沖縄の土地の大部分を占拠し続けている。しかし70年以上前に的確に将来の沖縄を予言した米兵の頭になかったことは、基地と観光が相いれぬものであり観光に基地がいかにダメージを与えるかということだ。

沖縄の戦後史は米軍占領史であり基地の歴史だ。基地撤去を求めての復帰は、米軍基地はそのままに自衛隊が配備される「平和」に程遠いものとなった。米兵が沖縄に見いだした可能性、基地と観光は日本が沖縄に見いだした役割と重なる。防衛の地・沖縄と、癒やしの地・沖縄だ。２要素は相いれぬまま現在の沖縄を形づくる。基地関連の事件、事故に苦しむ中で新基地が強行建設される沖縄で、基地は県民生活に負の影響を及ぼし続ける。それは基地容認と引き換えの補助金依存経済からの自立を目指す活路としての観光業にも同様だ。

　首里の自宅上空を飛ぶ米軍機のごう音におびえたりするが、嘉手納で体験したジェット機のエンジン音は地面を揺らし地震かと驚いた。騒音レベルや恐怖感で軍用ジェット機と民間機での比較にならぬ違いは、両機が飛び交う那覇空港でも体験できる。青い海と青い空に癒やされたとたん響きわたるジェット機のごう音に観光客も肝を冷やすだろう。山原の森を飛び回る事故多発の欠陥機オスプレイへの恐怖は、森の緑に癒やされる思いを台無しにする。辺野古に基地が完成しヘリやオスプレイが音を立て上空を飛び回る日常は、山原の自然や癒やしを求めリゾートホテルに宿泊する観光に大打撃だ。

　米兵による暴行事件は沖縄の日常を脅かし続けてきたが、2016年には那覇市内のホテルに宿泊する観光客にも及び観光の安心安全が脅かされた。オスプレイは名護の海に墜落、米軍ヘリはヘリパッド建設で森林破壊が進む高江で炎上し、脅かされる日常の安全は観光にも悪影響だ。9・11直後、危険であると、修学旅行をはじめ相次ぐキャンセルは基地沖縄の観光業に打撃を与えたことを思い出す。観光客が沖縄に求める「自然美」「のんびり過ごせる癒やしの時」は基地の存在に脅かされ続け、基地を容認する限り沖縄の自立経済は遠のく。

子どもを犠牲にしない
——復帰運動原点に教員の思い

（沖縄タイムス2018・1・11）

米軍機による相次ぐ落下事故にPTAや教職員組合等教育関係6団体が「米軍基地被害から子どもを守る」と抗議集会を開いた。それは私に戦後と復帰の原点を思い起こさせた。

終戦後沖縄は教員不足だった。戦前3千人いた教員の千人が戦死、残り2千人のうち半数が教え子を戦場に送り自分は生き残った苦悩から辞職し、基地優先の米軍政策で給与は基地労働者の3分の1程度で生活苦から離職者も多かった。教え子を戦場に送った自分に苦悩した中村文子（元沖縄戦記録フィルム1フィート運動の会事務局長）は、基地拡張で3度立ち退きを強制された母親の「もう行く所もない。目に見えるもの、手に触れるもの全て失ってきた。この子には艦砲が飛んできても抜け落ちないものを教えてください」との言葉に、軍国教師から平和教師になっていったと語る。教員の思いは日教組の「2度と再び教え子を戦場へ送らない」のスローガンとなった。

復帰運動を担ったのは教員だった。何故か？　抗議集会同様、子どもたちのためであった。屋良朝苗は復帰運動が教育復興からの出発であったと述べる。視察した小学校で粗末な仮小屋で石に座りボール箱を机に勉強する子供たちを見て、戦争の犠牲を罪なき子供たちが受け続けることに胸を痛めた。１９４６年から53年までＰＴＡ活動の最優先課題は仮設校舎建設で、校舎建設を懇願し続けるも米軍は基地優先だった。中南部視察で「真っ先に復興したいのは？」との質問に皆が「校舎」と答え、米民政府のルイス民政官は経済より教育優先の沖縄の人々に首をかしげたという。

教育復興を求め復帰運動を先導した屋良は述べた。「異民族支配下にあって一番大事なことは自主、主体性、これを失ってはいけません。だからアメリカの言いなりには決してならないという姿勢が出てくるのです。自主、主体性をわれわれ自体が堅持して、子供たちの中にそれを植え付け育てていくことが今日の沖縄では一番大事なことでしょう。そういう点からいうと沖縄の教育はもちろん本土に準ずるものですが、本土にあるものは何から何まで右へならえでは正しくありません」

米国の戦争への参加を可能にし、新基地建設を強行する日本政府。基地被害を受ける沖縄を「自作自演」と攻撃する人たち。屋良の言葉は今も当てはまる。戦後から今日まで基地被害を子供たちが受けている。子供たちを守るのは大人の責任だ。占領を経験した沖縄だからこそ、米国や日本の言いなりになって子供たちにさらなる犠牲を強いることは決してさせないという自主、主体性の堅持はさらに必要となっている。

在沖米軍基地

――沖縄観光の発展要因か

（琉球新報２０１８・７・15）

「道の駅かでな」で基地見学する中国人観光客が急増との新聞記事を受け、自民党議員が「基地は経済発展の阻害要因」への反論として「基地は沖縄観光の発展要因」と述べた。

私たちもやりがちだが、ここには二つの論議上の詭弁《きべん》がある。会話なら見過ごされて良いが、県議会での発言であり、同じ自民党議員からもその論に批判が挙がる中だがあえて指摘させていただきたい。一つはトピックは統一すべきということで、経済と観光は同義語でないため同じ土俵上の論議となり得ない。二つ目は、最近よく見聞する、早急な一般化とされる、部分による一般化だ。

「平成27年度外国人観光客実態調査報告書」で、沖縄の魅力として海外観光客が挙げたのは1位「自然・景勝地」2位「海水浴・マリンレジャー」3位が「沖縄料理」だ。海外観光客を対象に人気観光スポットを調査した旅行業者のリストのどこにも米軍基地はない。挙げられるのは美ら海水族館、首里城などの文化施設、買い物を楽しむ国際通り、そして竹富島、古宇利島、石垣島など自然豊かな離島、ビーチや岬だ。

「道の駅かでな」での基地見学は沖縄観光に出る主目的ではなく、道の駅とのコラボで人気が出た印象である。男性は軍機だけでなく瀬長島周辺で見る民間機にも興味を持つ。中国人観光客には、日本から脅威とされる国ゆえ、逆に脅威となり得る沖縄にある基地の関心もあろうかと思う。その一例で「基地は沖縄観光の発展要因」と結論づけるのは早急である。

基地は沖縄観光の阻害要因と考える。基地による土壌や水質の汚染、森林火災、騒音、事件、事故は沖縄観光の魅力とされる自然や景観を損ない、旅行者の安全を脅かすからだ。サンゴ礁420種、魚1040種、海草403種と生物多様性に富む美しい大浦湾とそれを土砂で埋め立てて造る米軍基地、どちらを観光客は喜ぶかでどちらが発展要因かわかる。9・11後に基地あるがゆえの危険から沖縄が避けられ、観光経済が大きな被害を受けた。

本土観光客への米兵のレイプ事件による沖縄観光イメージダウンも記憶に新しい。「光を見る」と書く〝観光〟は、その地域の光（魅力）を見て楽しむものという。平和外交が失敗した時の暴力的問題解決手段である戦争のために存在する基地が、その意義に合致するか疑問だ。

安倍晋三首相の中国脅威論による反日から日本を避け、韓国に集中した中国人観光客だが、米国との北朝鮮防衛「サード」設置で韓国人気も急落、日本に向かい始めた。観光を考える上で示唆的な話だと思う。

変質する日本政府民意
――「危険除去」ではない

（琉球新報２０１８・11・26）

石垣市議会が辺野古新基地建設のための埋め立て是非を問う県民投票実施に反対決議をした。反対理由「県民投票が普天間飛行場の危険除去を問うものではないから」は、普天間飛行場の危険は辺野古新基地建設と引き換えに除去されるという普天間飛行場返還と辺野古新基地建設のリンク論に基づく。「辺野古新基地建設には反対だが『台湾』巡り国民投票、それを条件に普天間飛行場が返還されるなら賛成」のように、新基地建設と普天間返還のリンク論は根強い。

しかし、リンク論は主張してきた当の日本政府によって否定されている。辺野古に基地ができても「条件が整わなければ普天間は返還とはならない」と、昨年6月の参院外交防衛委員会で稲田朋美防衛相（当時）は述べた。新基地建設が普天間飛行場返還の条件だったはずが、新条件「那覇空港の緊急時軍事使用」が浮上、米軍の一方的解釈での緊急時で民間施設が軍事施設となる。

その他に7つある8条件全てを満たさねば新基地建設後も普天間飛行場返還は実現しない。いまだ、日本政府は「普天間飛行場危険除去のための辺野古新基地建設」と、新基地建設イコール普天間飛行場返還のイメージづくりに懸命だ。ただ「返還」を「危険除去」と言い換え、返還しない場合の批判回避対策は採る。

グアム移転と普天間問題のリンクを主張した、菅義偉官房長官の認識の間違いも明確となった。玄葉光一郎元外相は、「本来この問題は沖縄の負担軽減が先行されるべきとの思いもあって」の米海兵隊員のグアム移転合意であり、普天間問題進展と関わりなく進めるものであったという。

普天間飛行場返還は、１９９６年の少女暴行事件を発端として「沖縄の基地負担軽減」を目的に無条件で日米政府が合意、「引受地が無い」からと県内移設となり、大浦湾を埋め立て60年代に米軍が候補地とした場所への新基地建設が条件となった。２０１３年仲井真弘多元知事は５年以内の普天間飛行場運用停止を前提に埋め立てを承認。運転停止日は今年2月18日だが、停止の気配も、公約を破った政治家からの言及も無い。猿田佐世氏は守らぬ約束を前提とした承認を有効とする日本政府の不合理を指摘する。

普天間飛行場返還を餌に新基地反対の民意を抑え込みたい日本政府は市長選、知事選と県民同士の争いを操作してきた。目的は普天間飛行場返還から新基地建設へと変化し、日本政府自体が変質した。本来の目的「基地負担軽減」に立ち戻り「新基地に反対」し「普天間飛行場返還」を主張しない限り、待つのは新旧二つの危険な大基地を抱える沖縄だ。

反基地　県民の力もっと

――若者加え島ぐるみ闘争で

辺野古新基地建設賛否を問う県民投票まで工事中止をと米国政府に請願する署名運動を始めたのは、県系4世のロバート・カジワラさんだ。20万筆余の署名を集めホワイトハウス前でも直接訴えた。ワシントンでのインタビュー前日の彼の録画ビデオを友人が送付してくれた。疲れた表情で彼は問う。「なぜ沖縄のうちなーんちゅがもっと署名してくれないの?」。署名の多くは本土や海外のうちなーんちゅから寄せられているという。

彼も、沖縄での新基地反対運動の中心は高齢者で、スマホを持たない、署名のやり方が分からないなどネット署名のハードルの高さを理解する。しかし設定は無料だし若者が手伝える。新基地反対を表明した玉城デニー知事に投票した39万人が署名すれば、リスト1位となり米国政府も対処せざるを得ない。50万の署名が集まれば工事は止まる。米国メディアが注目し報道することで国民も関心を持ち、米国政府も対応を迫られる。沖縄の声は無視できても、国内メディアや国民の声を無視することはできないはずだ。彼は、沖縄の人々を批判するわけではないが、沖縄のための署名なのだからと熱心に訴えていた。

（沖縄タイムス2019・1・13）

彼の気持ちはよく分かる。目標が高いほど、障害物が大きいほど、真摯に頑張る人の負担は増し心労は蓄積し現状への不満やいら立ちが募る。彼がそれだけ真剣に取り組んでいるということだ。彼の訴えは、運動に大いに感謝しながらも、運動に直接関わる人たちに無意識に依存してしまっていた私を含めた沖縄のうちなーんちゅに気付きを与えるものだ。

沖縄の反基地闘争は高齢者が中心で若者への広がりがないという現実問題を抱える。他府県の人々や海外のうちなーんちゅたち同志に支えられてもいる。意識ある人たちができる範囲でできるだけ頑張っているが、日本の国家権力だけでなく世界の強国米軍相手の闘いは大変だ。それは、基地問題が沖縄の問題ではなく、日本の問題であり世界の問題であるということを示すものでもある。沖縄だけの問題にしてもいけないし、また、他者への頼り過ぎも良くない。問題に取り組む際に各自の意識や負担の差は必須で、その不満が表出することもよくある。差を含めて大きな力にする取り組みが島ぐるみだ。互いに感謝し理解し合い補い合うことが大切だと改めて思う。

署名は県民投票という目標が前提であった。その県民投票を拒む沖縄の政治家がいる。うちなーんちゅのアイデンティティーでつながる海外のうちなーんちゅの失望はさらに募るのではと懸念する。

政治家の資質疑われる
——県民投票の実施拒否

（琉球新報２０１９・１・16）

県民投票実施拒否決議をした市町村の首長・議員への疑問が二つある。その二つの疑問は、実施拒否の第一の理由である「普天間基地の危険性除去が検討されていないから」についてである。

一つめは、反対理由の根拠が「辺野古新基地建設が実現すれば普天間基地が返還される」という前提の上に立つことにある。それならば、なぜ、県民投票に反対する理由が「普天間基地飛行場の固定化の除去」あるいは「普天間基地飛行場の返還」ではなく、「普天間基地飛行場の危険性除去が検討されていないから」という理由なのかという疑問である。

「危険性除去」という表現が使われるようになってきたのは最近だ。この表現は非常に曖昧であり、「危険性除去」は「普天間基地返還」や「普天間基地移設」を意味するものではなく、その実現を約束するものではない。政府が、辺野古新基地建設が実現しても普天間基地返還の実現は困難と判断した時点で、普天間基地返還という表現を使わなくなり、この表現に切り替えたと考えている。それが邪推でないならば、なぜ、普天間基地返還との表現を避け、この抽象的表現を使い始めたのかという疑問に答えてほしい。また、危険性除去が具体的に何を示すのかを説明してほしい。

二つめの疑問は、上の「危険性除去」は具体的に普天間基地返還や固定化の除去を意味するものだという答えが返ってきた場合に発生する。もちろん、そう答えた場合は責任をもつべきだが、その場合は「県民投票が普天間基地の危険性除去が検討されていないから」との拒否理由が成立しない。

県民投票は、名護市辺野古の新基地建設のための埋め立て工事の賛否を問う。辺野古の新基地建設による埋め立て工事の実現によって普天間基地返還が実現するとの前提の上に立っている首長や議員にとって、それは、普天間基地返還実現を検討することに他ならず、反対は理論上あり得ない。

具体的に「普天間基地危険性除去のための」との表現を掲載したいからと言うならば、その前に「普天間基地危険性除去」という表現が具体的に何を示すかが示されるべきだ。工事は国の政策によるものであるから、国が責任を取る形で示されるべきである。

上記の素朴な疑問に答えることなく、反対との主張なら、自分たちと異なる意見が表出される可能性を封じ込めたい反民主主義的権力の暴走であり、そのような首長や議員が私たちの意見の代表者として選出されるべきかという次なる疑問が発生する。

討議しない若者

――「どちらでもない」は必要か

（琉球新報２０１９・２・４）

ある韓国人留学生の言葉が忘れられない。「日本人は問題について意見を聞かれても、黙って笑ったり『わからない』と答えたりする人が多い。カルチャーショックでした。」ベトナム人留学生は言った。「日本人は自分の国や社会の問題について議論しない。もっと議論すべきです。」県内大学の留学生だけではない。東京で会ったマレーシア人女子高校生留学生も言った。「アジアのリーダー国日本で沢山学べると期待したが、テレビ番組やタレントの話ばかりで国や社会の問題を語れる友人がいない。がっかりでした。」すべて10年前の話だが、若者が日常で政治社会問題を討議する雰囲気は皆無で「そんなことしようとすると、避けられたり浮いてしまったりする。」と少数派に属する悩みを若者に打ち明けられる現状は今も変わらない。

県民投票実施拒否を決議した5市町村の実施実現のため討議が続けられ、条例改定や選択肢増の要求から3択での実施が決定し皆が安堵し喜んでいる。元県議会議長は「ごね得ではない」と評価し、県出身タレントも3択は沖縄の基地問題の複雑さを象徴すると述べた。そうだろうか？確かに県全体で実施できることになったことは嬉しい。が、この一連の騒動と決着は、上記のアジア人留学生達に対して恥ずかしいと感じた。過去の指摘の繰り返しとなり、決着したのにと反感も買うだろうが、日本の現状と未来に大きな問題を提起していると思うので、あえて述べたい。

県民投票は「辺野古新基地建設に伴う埋め立ての是非」について県民の声を届ける目的を持つ。選挙結果への悪影響を避けるため辺野古新基地問題の争点を隠す政治家が多く、それについて県民の声が明確に反映されないという問題も背景にあった。選択肢増は争点隠しの延長線上にある。県民の声に「どちらでもない」は必要か？　それは問題解決に繋がらず、上記留学生によれば、意見を求められて黙って笑うか「わからない」と答える人の範疇だ。問題の複雑さを表すかもしれないが、問題が複雑だから「わからない」「発言を避けたい」自身の未熟さや弱さも表す。元山仁史郎君は、若者が自分達の問題を考える機会としたいと意義を述べたが、「どちらでもない」は自分で考え結論を出す行為をしないで済む安易な姿勢となりかねない。何より、意見を出しての討議を生業とする政治家が住民の意見表明の機会を奪うという民主主義違反が「歩み寄り」という妥協で許されたという事実が、日本の未来に落とす影は暗く大きい。

Ⅱ章　政治的リテラシー・教育・カジノ問題

カジノより教育環境を
——経済発展は最終的に人材

（沖縄タイムス2008・12・20）

他県に住むかつての大学の同級生から時々電話が来る。そのたびに他県と沖縄を比較しての批判がとびだすのでついつい防衛の弁にまわってしまう私であるが、その批判も、遠く離れていても沖縄を少しでも良くしたいと願う彼女の強い郷土愛ゆえであることは痛いほどに伝わってくる。今回、彼女が憂えたのは文部科学省の全国学力テストの結果、沖縄県が二年連続最下位だったことだ。テストの是非や何が測られているかの問題はともかく、他県と比べて真の学力をつけるための、自立した学習者になるための読書量が沖縄の子どもたちに不足していること、そのための児童館、図書館など子どもたちのための教育環境を大人たちが十分整備しきれていないという実態に関して意見が一致した。

子どもの成長に環境の果たす役割は大きい。ハード面でどのような環境を子どもたちのために整えることができるかは、そこに住む大人たちの考え方、生き方によるところが大きい。だからこそ、地域の町並みはその地域の政治家の考え方や地域住民の生活のありようを表していたりする。那覇の町やその近隣の町を歩いていて、子どもたちのための施設より大人のための娯楽施設が圧倒的に多いと感じるのは私だけではないだろう。

特にパチンコやスロットマシン関連の建物の巨大さには圧倒されるが、金を使い果たした末の自殺者や自己破産者が沖縄には多いとも聞く。ソフト面での環境としては、子どもたちがどのような大人たちに囲まれて育つかがどのような大人に成長するかに影響する。

今、沖縄県で海外からの観光客をねらったカジノ導入への動きがある。これは子どもたちにとってハード面、ソフト面、両面での環境悪化になると考える。地域住民は立ち入り禁止にすればカジノからの悪影響はないような論であるが、そのように簡単にいくものだろうか。法律を変えてまで、また、それを待たずに建設するほど、その経済効果は高いものなのか。見切り発車のカジノ導入を呼びかけるあの他県の議員はそれほど良いものならなぜ自らの出身地に導入を勧めないのか。

そのような疑問に十分答えることなく、選挙時には子どもたちの教育環境を整えるべきと発言する政治家の方々が平気な顔でカジノ導入へ向けての集会に顔をそろえているのを見ると、経済発展は最終的には人材に負うところが大きいという重大な視点が沖縄の政治家に欠けていることを憂えざるを得ない。

証明なきカジノ有効論
——米でも否定された経済効果

（沖縄タイムス２００９・８・29）

カジノ反対論者に対し、反対ならそれに代わる県財政救済策を示せという論があるが、それは矛盾した論であると常々感じている。なぜなら、それはカジノが県財政に有効であるという前提に立っており、それこそ証明されてもいない危うい前提であるからである。

イリノイ大学のジョン・ウォーレン・キンズ教授はカジノは経済面でマイナスであるとその論文で結論づけた。経済にプラスだと過大宣伝し、その経済的マイナスを無視する傾向にあるカジノ産業であるが、１９９４年の米国下院でのヒアリングでは多くの経済専門家がカジノによる経済的悪影響について証言したという。カジノを経済政策の一つとして導入することは全く当てにならないとその経済的有効性が否定されたのだ。フロリダ州はカジノの経済的効果について総合的分析を行った唯一の州だが、その報告書もヒアリングの結論と同じであったという。

カジノの経済的マイナスは①税の上昇②雇用の減少③他のビジネスの破たん④犯罪の増加⑤社会福祉面での多大な出費——となって示された。①についての全国調査ではギャンブル１ドルの利益は納税者に３ドル以上の損失となっている。②についてのイリノイ州の２件の調査ではカジノ産業によって一つの雇用が創出されても一つ以上の雇用が既存のビジネスから失われていた。③についてはサウスダコタ州のカジノ導入後の2年間で相次いだ企業や個人の財政破綻が報告されている。④に関連する調査でアイオワ州ではカジノ導入時の89年に1・7%たったギャンブル中毒者数が95年には5・4%に増加している。⑤についてギャンブルは貧しい者をより貧しくし、人口統計分析では社会的弱者ほどその収入をギャンブルにつぎ込む傾向がありギャンブル産業からも対象者とし狙われていることが分かった。ウィスコンシン州ではカジノがなければ10%以上の市民がより多くの金を食料に消費できたとされ、導入後37%の市民の預金が減ったという。その他カジノ産業の政治家やメディアへの献金による政治介入も問題とされる。

結論で彼は、近年ますます多くの納税者や企業がギャンブルは、経済発展に何の貢献もしないことを認識し始めており、米国経済史が示す教訓を忘れる者は同じ失敗を繰り返すと警告する。導入形態は異なるとしても拝聴すべき点が多い。カジノ事業の収益を約５３９億円というが、それは試算、とらぬたぬきの皮算用であることを忘れてはならない。

求められる英会話力
——国際社会への対応に必要

（沖縄タイムス2010・10・8）

「竹島は韓国のものだ。日本人としてあなたはどう考えるか」。共に学んでいた韓国人留学生に突然聞かれて、領土問題に疎かった彼女は討論するだけの知識も英語力もなく返答に窮してしまったという。英語圏に留学していた学生の体験談だ。中身がなければ討論はできないわけだが、中身があっても手段がなければ討論はできない。「先生、日本人の学生は英語力はあるのになぜ英語を話そうとしないのですか？」。ある韓国からの留学生は不思議そうに尋ねた。

彼の言う英語力とは試験の上での英語力なのかもしれない。確かに留学先の大学でも文法の試験の点数はわたしたち日本人の方がアメリカ人学生より上だった。ベトナムからの留学生は「日本の学生はもっと政治や社会の問題を討論すべきです」と真剣な表情で言った。

コミュニケーションには語学力だけではない諸要素が介在することも事実だが、しかし、好むと好まざるにかかわらず、英語はいまだ世界の共通語として君臨しており、これらアジア各国からの留学生とのコミュニケーションも英語で行われる。中国、タイ、インドネシア、韓国、旅したアジア諸国の言語を知らなくとも英語である程度のコミュニケーションが取れた。今や英語は母国語とする国々の手を離れＷｏｒｌｄ　Ｅｎｇｌｉｓｈｅｓという名称で世界各国のものとなり、アジアにおける英語教育熱も衰えるところを知らない。特に韓国ではアジア経済危機後、国際社会でリーダー国となるにはＩＴ（情報技術）と英語力が必須と、この2点に重点を置いた施策を行い成果をあげている。小学校英語教育の先輩として学ぶことも多いが、筆者が行ったソウル市内の小学校2校と県内の小学校2校との児童英検による英語力調査の結果では、平均点で16点の点差があり特に会話力に差がみられた。

日本全国で実施される児童英検の結果との比較でも、ソウルの公立小学校の平均点は日本の英語教育特区の小学校や英語教育に力を入れる小学校など選ばれた学校の平均点より5点以上高かった。特に英会話と長い文章理解で優れていた。これは日本と韓国の指導要領の小学校英語教育の目標に見る違いでもある。韓国の小学校英語教育は「日常生活に必要な英語を理解し外国の文化を理解するだけでなく、自国の文化を紹介することができるコミュニケーション力を養成する」と明確である。日本は「言語や文化の理解を体験的に深め、積極的にコミュニケーションを図ろうとする態度の育成を図り、外国語の音声や基本的表現に慣れ親しませながらコミュニケーション能力の素地を養う」何とも不明瞭である。

児童英語教育　曖昧な方針

――スキルの習得　打ち出して

（沖縄タイムス２０１１・１・17）

4日（火）のタイムス「新春争論」で今年から5、6年生で必修となる小学校英語教育をめぐってアレン玉井光江氏（青山学院大学）と金森強氏（松山大学）が異見を述べあっている。

アレン玉井氏はスキル学習を直接目的とする教科としての外国語（英語）教育を主張している。金森氏は英語のスキルではなく人と関わるコミュニケーション能力を育てるべきとして、外国語体験活動としての英語教育を主張する。今回の必修の英語は外国語体験活動として位置づけられており、金森氏の意見はそれに沿うものとして妥当ではあるが、私自身はアレン玉井氏の意見に賛成である。

韓国との比較研究結果を基にアジアＴＥＦＬで発表する機会があったが、その中で日本の小学校英語教育の問題として指摘したのは、金森氏の発言にも感じたその「曖昧さ」である。

それは学習指導要領にも現れている。１９９７年の金融危機でグローバル化にさらされＩＴ産業と英語教育を国家再建の二大柱とし、同年に小学校での英語教育を必修化した韓国はその学習指導要領の目標を「日常生活に必要な英語を理解し使うことができるような基礎的コミュニケーション能力を養成する一方で、外国の文化を受け入れ、かつ、自国の文化を外国人に紹介できるようにする」とする。

日本の外国語活動の目標は「外国語を通じて、言語や文化について体験的に理解を深め、積極的にコミュニケーションを図ろうとする態度の育成を図り、外国語の音声や基本的な表現に慣れ親しませながら、コミュニケーション能力の素地を養う」である。

「積極的にコミュニケーションを図ろうとする態度の育成」は外国語（英語）でコミュニケーションできる力が前提とされるし、それにはスキルの養成が必須であると考えるが「英語のスキルではなく人と関わるコミュニケーション能力を育てることに重点を置くべき」（金森氏）とのコメントは、コミュニケーション能力が必ずしも言語によるもののみではないことを示していると思われる。

しかしながら、中教審の審議では「グローバル化の進展への対応」として「小学校での英語教育を充実させ」「国際的視野をもったコミュニケーション能力を育成する必要がある」としており、それは英語によるコミュニケーション能力であることがわかる。背景と目標のずれ・曖昧さを感じる。その曖昧さが児童英語教育の迷走・遅れにつながっていると考えており焦燥感をアレン玉井氏と共有する。

カジノ導入　自立望めず

――基地と並ぶ負の遺産に

（沖縄タイムス2011・4・4）

3月5日に「沖縄の自立にカジノは？」と題した講演会に参加した。一時期、論壇をにぎわせていたカジノ論争も下火となり沖縄へのカジノ導入案は消えたかと思いきや、何と水面下で具体案を検討する動きが進んでいると聞き驚いている。これまでの論争をみる限り、カジノによる沖縄経済活性化論は破綻していたはずだったからである。

カジノ賛成派の「カジノによる観光関連収入の増」に関しては、「収入につながる裕福層はラスベガスやマカオ、シンガポールに行き経済活性化に結びつく集客は見込み薄」や「これまでの自然、健康、平和学習などのイメージに引きつけられてきた客層（特に修学旅行団体）の減少につながり観光収入が減少する」と言う反対派に反論し切れていない。

「若者の就職増」については、マカオが現実に抱える「カジノ関連産業以外の就職がないための若者の郷里離れ」や「若年層の学業離れ」などの問題指摘に反論し切れていない。

逆に、カジノ反対派の「ギャンブル依存症や破産の末の自殺増という社会問題」や「ギャンブラーや犯罪組織が集まるなどの治安悪化による青少年への悪影響」への反論としての「カジノを規制する」「大規模ではなく小規模にする」などは、「規制や規模の縮小は収入の減となりメリットとする経済効果はさらに望めない」という矛盾を生じさせ、論の中にすでに自己矛盾を抱え込んでいる。

カジノ正当化のためにパチンコを持ち出すが、パチンコにカジノを正当化するほどのギャンブル性があること自体が問題であり、逆にギャンブル税を取る、規制をするなどの対策をすることの方が賢明だろう。経済活性化に必要という根拠を示すこともできていない状況では、社会にとっての必要悪という論も県の経済活性化の代案を出せという論も成り立たない。

にもかかわらず、具体策の検討とは？　つまりは、手っ取り早い収入をあてにする公共事業と同じで、基地と引き換えにその後の維持が困難でも箱物づくりだけを、あるいはカジノ解禁だけを欲しがっているのだろうか。ならば、その姿勢は経済的自立の対極にあり、長期的展望のできる政治家ならカジノ導入によって沖縄に基地に加え、さらなる負の遺産を増やすような愚行はしないであろう。

自立を主張しつつ依存し続ける二枚舌の政治家は先ごろのメア氏の「たかり」発言を正当化させるだけであり、私たち県民は弱者であっても、選挙によって真に沖縄の将来を考える政治家を選べる権利を持っていることを思い起こさせる必要があるだろう。

沖縄の諸問題浮き彫り

――通訳で国際会議参加　実感

（沖縄タイムス2011・9・5）

8月4日(金)～8日(月)の日程で開催された第5回DUO（Dialogue Under Occupation）「占領下の対話」国際会議に通訳を手伝う形で参加した。台風によって日程や内容が二転三転させられたにもかかわらず、実り多き会議であった。

会議通訳は専門用語を含む専門分野の事前学習が必要という難解さに加え、ほとんどの場合、同時通訳で行われるという点で通訳者にとっては精神的負担が大きいものの、通訳を通してさまざまな専門分野を学ぶことができる絶好の機会にもなる。今回は沖縄の抱える問題について新たに学び、深く学ぶと同時に、沖縄問題をグローバルな視点から捉え直す機会を与えられた。

いまだ占領下にある沖縄・日本の問題を浮き彫りにしながら、同じく占領下にあえぐ世界の他の地域の問題を共有するさまざまな発表があったが、自身が通訳として関わった中で主な発表のみに限って言及してみる。

先住民族の若き弁護士リーヴィン・カマチョ氏のグアム報告は、グアムが米国憲法適応が制限され住民に米国議会議員選出権が与えられていないという差別の下、基地による環境破壊問題にも苦しむ地域であることを教えてくれた。元宜野湾市長伊波洋一氏の「沖国大米軍ヘリ墜落――失敗した対話の事例」では、普天間基地問題を学びながら、豊富な資料と確かな論理力、原稿を一切見ずの流ちょうなスピーチに政治家としての才能を感じた。

デイビッド・ヴァイン氏の「韓国済州島の危機」では、済州島が沖縄同様、かつては独立国であり過去の大虐殺の悲劇から平和の島を掲げながら、現在4年以上に及ぶ海軍基地建設反対運動を闘っているという現状を学んだ。ジョン・ミッチェル氏の「沖縄の枯れ葉剤」では、ベトナム戦争の枯れ葉剤の被害はベトナムの人々だけではなく沖縄の基地に駐留した退役軍人にも及んでおり、土壌汚染や健康被害など沖縄の現実問題であることを認識させられた。

印象的だったのは「うちなーぐちと琉球諸語」を発表したフィジャ・バイロン氏でアイデンティティーとしての言語を守り抜くことを実践していた。「カマドゥ小達の集い」では、安保を容認する日本本土人への責任と主体性を問う「在沖基地の本土引き取り」「平和運動まで沖縄に頼るな」のメッセージの強さと論理の明解さに感銘を受けた。

会議通訳は通訳を通して多くの気付きや目覚めを得ることができる魅力ある分野であることを再認識させられたDUO国際会議であった。開催に尽力した沖縄国際大学のピーター・シンプソン氏、キリスト教学院大学のダニエル・ブローディー氏に感謝したい。

過去に学ぶ沖縄の悲しみ
——新世代の想像に期待

（沖縄タイムス2011・11・22）

若かりしころに読んだ大江健三郎の「沖縄ノート」を再読する機会があり、芥川賞受賞作家の描写の的確さや文章の味わい深さに感銘を受けるとともに、40年前の沖縄と現在の沖縄がさほど変わっていないことに複雑な思いを抱かされた。

数ある沖縄を語った本の中でも心打たれ優れていると思うのは、鋭い感受性と深い想像力によって沖縄の苦しみを共有しようとする容易ではない試みに、謙虚にそして真剣に取り組むそのもがきや悩みを通して、日本人とは何かという自身の問題に向かっていることだ。

他人の苦悩や悲しみの体験すべてを共有することは不可能であるが故に、人はその想像力で思いを共有し、沖縄方言の「チムグルサヌ」という心情に達する。沖縄戦を生き延びた人々の悲しみや占領下にあった人々の苦しみを語り継ぐという行為も同じである。

死体を踏み越え砲弾の雨の中を逃げ惑う日々を体験しなかった私たちや米軍人に殺害されても罪を問えない治外法権下に生まれなかった若者たちが、それほど昔ではない六十数年前や40年前の沖縄の人々の悲しさ、苦しさ、怒りの共有を可能にするのは、その想像力においてである。

そしてその想像力を喚起することを可能にするのは体験した人々の語り継ぎであり具体的な事実の認識である。

沖縄問題は本質的に変わっていないし問題はいまだ存在し続ける。本土復帰によって人々が願った「核抜き」は実現せず、あこがれた平和憲法は９条改悪をもくろむ人々に狙われていて危うい。

大江は「沖縄ノート」で謝花昇をこう書く。「狂気の極点に入り込むまで醒めにさめた謝花の周囲を、特に不安にかられもせず、それぞれにちっぽけな日本の『中華思想』的感覚を理由もなく確信して動きまわっていた日本人たちは、謝花が精神病院に去った後もなおそこを歩き続けており、いまなお同じようにそこで動き回っているのであり…」

伝わらない悲しみや怒りは人を発狂させるほどの力を持つ。謝花昇を発狂に追いやった人々、沖縄を利用するだけの人物やその取り巻きのようなウチナーンチュはいまだ存在し続ける。新しい世代が親たちより直接体験が少ない分、変わらぬ政治的沖縄差別、本土防波堤としての沖縄利用に鈍感にならざるを得ない状況はある。

しかし私は彼らの想像力に期待するし、その想像力を喚起するための努力を、体験者の思いや歴史的事実を伝えていく努力を、過去に目をつぶるのではなく過去から学べる大人の一人として行っていきたい。

戦争への嫌悪感　共有必要
――石垣市教育長発言　資質問われる

石垣市の玉津博克教育長に対し市議会が不信任を決議した。県内の平和教育を「戦争への嫌悪感で思考停止」と評し、琉球大学との教育支援で特定准教授の排除を求めたこと等、その言動に教育長としての資質が問われた結果である。戦争への嫌悪感は思考停止になっているのではなく、平和を求める思想や運動の源になっている。

ひめゆり部隊の引率教員で、その体験を「沖縄の悲劇」に著した仲宗根政善氏はそれが映画化された「ひめゆりの塔」について述べている。「戦争を余りにも誇張して描いたのではないかというのが観客一般の感想でした。ところが、実際体験した者から見るとあの程度のむごたらしさではなく、事実はそれよりもはるかに残虐だったのです」

仲宗根氏は「戦場の悲惨さはあれくらいのものではなかった。それが生き残り全員の一致した感想でした。我々の持つ体験と表現されたものの間には、ひじょうな距離があってそらぞらしいという感じです」と体験者と非体験者との隔たりの大きさを教える。伝えても伝えきれない悲惨な戦争体験、だからこそわれわれには戦争への嫌悪感、その思いを共有する努力が必要なのだ。

（沖縄タイムス2013・9・29）

沖縄戦一フィート運動の事務局長として活躍した中村文子氏は「軍国教師から平和教師へ」というエッセーで「『息子や娘はあなたたちに教えられた通り軍国少年となって、帰って来ないじゃないか』と父母からの目が矢となって向けられているようで」と戦後の教員のざんげの気持ちを述べ平和教師になった背景を記す。「背骨を補強してくれたのは生徒の母たちだった。朝鮮戦争時の基地拡張で3度も立ち退きを言われた母親は『もう行くところもない。目に見えるもの、手に触れるものすべて失ってきた。この子には、艦砲が飛んできても抜け落ちないものを、教えて下さい』。空襲から逃れる途中、手を引いていた5歳の子が即死した母はそのショックで産気づき岩陰で一人で娘を産んだ。一晩、死んだ息子と生まれたばかりの娘を抱いていた。『戦争なんて』と絞り出すような声。私は骨身にしみて、軍国主義からだんだんに平和教師になっていった」

「はだしのゲン」騒動に示された実際にあった戦争の悲惨さを「残虐すぎる」と覆い隠す行為や石垣市教育長の平和教育批判は、昨今の尖閣問題報道や憲法改悪への動きとつながっている。再度の戦争準備の陰には日米同盟があり、再びその犠牲は防衛の先端である石垣をはじめとする沖縄だ。その背景があってこその石垣市教育長発言なのである。

政権の教育介入は危険

――特定教科書押し付けに反対

教科書調査委員が最低点を付けた育鵬社教科書採択のため、八重山地区採択協議会は役員会を経ず調査委員を入れ替え教科書順位付けを廃止した。３市町教育委員全員による協議では東京書籍が採択されているにもかかわらず、石垣市教委、与那国町教委はそれを無効とした。教科書問題は特定教科書を押しつける国の強権とそれにむやみに従う地方行政マンによる教育介入であり、法を変え解釈を変えてまで意を通す現政権の手法の表出だ。

育鵬社教科書の内容について、歴史学研究会は「史実誤認や間違いが多く歴史研究の成果を反映する姿勢があるかさえ疑問」とする。偉人の業績は特筆するが民衆の主体的姿は取り上げず、近隣諸国との脅威、危機感は詳述するが植民地支配下の人々の苦難には触れず、戦争については日本の正当化に終始し日本国憲法を重視するどころか敵視する記述となっていると批判する。それはまさに、過去の戦争で最大の犠牲を払い、植民地支配下で苦難の日々を味わい、基本的人権と戦争放棄をうたう平和憲法を求め、一民衆が主体となって運動し復帰を実現した沖縄の歴史そのものを否定する内容である。そのような教科書の八重山への押しつけには、中国・台湾など近

（沖縄タイムス２０１４・３・29）

隣諸国との平和的共存ではなく脅威、危機感をあおって防衛の先端的役割を担わせるもくろみがある。八重山、沖縄こそ、その有りようと対極のこの教科書に強く反対すべきなのである。

国の教育への介入は「はだしのゲン」回収問題にも表れた。原爆の悲惨さを訴えるこの本の回収に、大阪の泉佐野市教委からの圧力で応じてしまった小学校長は「なぜ今問題視するのか。極めて政治的な意図を感じる」と批判し「抵抗すべきだった」と無念をかみしめる。平和を願って書かれたこの本を有害図書として文部科学省に撤去するよう求めるのは育鵬社教科書を執筆した「新しい歴史教科書をつくる会」である。

このように教科書問題は集団的自衛権、憲法改正、特別秘密保護法など戦争のできる国に変えようとする現政権の動きの一環で、自らの戦争に日本の兵力を使いたい米国の意向に沿うもので、沖縄・日本全体の問題である。普天間基地問題で信念無き政治家たちが石破茂氏の一喝に県外移設の公約をやすやすと翻したことを考えれば、教科書問題で竹富町教委が是正要求を出した文科省と対峙する姿勢を貫いていることには頭が下がる。支援するだけでなく、これ以上の押しつけには県民一人一人沖縄全体が国と対峙する決意を新たにしたい。

全面協力社会狙う政権

——政策に反する考え　偏向と攻撃

（沖縄タイムス２０１４・７・26）

17日付の社会面には平和学習を偏向教育と非難する文科相。「国防を射る」シリーズで軍神とされた兄を語る大舛氏の二つの記事がある。現在と過去が交差、過去に学ばぬ現在の愚かさを象徴、迫りくる危機を予言するかのようだ。軍人こそ名誉と思う兄に「（弟は）軍人にしない方がいいね」と言った母の言葉を大舛氏は重く受け止める。兄を軍神にまつる社会を先導したのは行政、教育界、新聞社だった。が、後で知ったその死の内実は人間扱いされなかった兵士、無駄な戦力消耗戦を示すものだった。

戦後教育は愛国主義、戦争賛美を反省する黒塗り教科書で出発、教員は先導して戦場に教え子を送った過去を反省し「二度と教え子を戦場に送らない」のスローガンを掲げた。あれから70年、米国の政策変更とともに状況は変化、安倍政権下で教育界への介入、圧力は増す。原爆の悲惨さを伝える「はだしのゲン」を有害図書と排斥、教科書検定で集団自決（強制集団死）や慰安婦問題を削除、過去の戦争への反省を自虐史観と批判、愛国主義的教科書の八重山への押し付け、今度は辺野古を平和学習した学校に対する偏向教育非難である。

偏向とは何に対する偏向か？　時の政権の政策に反した場合偏向と呼ばれる。終戦直後の日本なら今の安倍政権の考え方こそ偏向と排斥されただろう。自由主義的風潮の１９６０年代なら世論から逆襲されただろう。人がぶれないでいるには何を基本とすべきか？　ぶれ続ける日本の時の政権でないことは確かだ。それは誰もが納得する正義、人としての道理だろう。

例えば「平和」に反対する者はいない。だからこそ安倍政権は、集団的自衛権を「積極的平和主義」と称し「平和」という言葉でカムフラージュした。中身は米国の戦争への加担承認だ。言葉だけで「平和」を唱える政権は、国民が「平和」を唱えることには反対しない。が、平和を実現するための行動は封じ込める。辺野古基地建設反対は軍事基地の存在意義が戦争前提だからだ。戦争のための兵士の訓練、兵器備蓄の場で、そこから戦闘に赴きそこが敵の攻撃目標となる。つまり戦争前提の基地は平和と相反する存在であり、平和を守るため戦争をするという論は根本を否定した道理に合わない論だ。

過去を現実と結びつける思考や政策に反する考えは偏向と攻撃し、原発推進のため有害図書排斥、基地推進のため辺野古平和学習批判をする政権。教育、メディアを攻撃し行政に全面協力する教育界、新聞界の再登場を狙い、政策に反対できない国民づくりを狙う。

カジノと新基地
――未来に負の遺産を残すな

（琉球新報２０１４・９・14）

２０１２年沖縄でカジノ問題が新聞紙上を賑《にぎ》わせていた。その反対意見として自然環境の破壊、地域の子供たちの教育環境への多大な悪影響、賭博依存症や自殺、また、犯罪、売春などのマカオの実情など問題が指摘された。

それに対し賛成意見の理由は雇用や経済効果であり、そのための必要悪という表現さえ使用されていたが、米国議会や州報告書でその経済効果はないばかりか、逆に①税の上昇②雇用の減少③他のビジネスの破壊④犯罪の増加⑤社会福祉面での多大な出費など、カジノは経済的にマイナスであると指摘されたことが明確にされた。つまり、カジノ論議で賛成派は反対派を論破できなかった。にもかかわらず経済的に効果がなく逆に負となるとされたカジノを、今また、経済活性化政策に掲げる政治家が出現していることにあきれている。多大な予算を獲得し箱物を造るのはよいが、その維持が将来大きな経済問題となることは、地域市町村がよく分かっている。カジノは新基地同様、沖縄の経済、環境、教育にとって大きな負の遺産となるのは明確である。

基地もかつてその雇用や経済効果が謳《うた》われてきた。それがまやかしであったことは、返還された基地跡地の新都心が雇用者数１０３倍、直接的経済効果69倍、北谷町が地代で１７４倍の経済的効果を創出している事実が明らかにしている。さらにその存在理由とする基地が平和を守るという論理も、中国のミサイルが沖縄を標的にし人的被害を最小にするため将校数や兵士数を減少させ、基地機能を強化する米軍の戦略からも崩壊している。辺野古新基地建設反対は沖縄にこれ以上命や生活を脅かす負の遺産を増やすべきではないという次世代への我々の責任ゆえである。普天間固定化という反論を聞くが、危険性の面からの国際世論や老築化の事実からも普天間撤去の実現はこれからの運動で可能であり、そうすべきと考える。新基地はさらなる長期的固定化である。そもそも普天間は辺野古と引き換えにされるべきでない。目前の餌につられさらに長期的犠牲を強いられる仕組みは、米軍がすでに60年代に大浦湾新基地を計画していた事実からその戦略にうまくはめ込まれたことを物語る。

戦前沖縄は長野県に次ぐ一大教育県として知られ、その犯罪率の低さはアジアでも知られていた。戦後沖縄の混乱は今に続いており、今の行動が未来をつくる。「子や孫たちに明るい沖縄を引き継ぎたい」。座喜味元沖縄県副知事の言葉をかみしめ、長期的展望のもと将来の沖縄を考え、次世代に負の遺産を残さない政治家を選びたい。

18歳に選挙権付与　疑問

（沖縄タイムス　2015・6・13）

「彼らを見てると何か高校生みたいだね」大学のカフェテリアで友人が呟いた。確かに周りで談笑する彼らのあどけなさは大学生というより高校生の雰囲気を醸し出している。全国的に、中学、高校、大学と生徒、学生の精神的成熟度が低くなっているとの指摘は各現場の教師からよく聞く。西欧の若者に比べ日本の若者は精神的に未熟だとの外国人評を聞くことも多い。物質的豊かさ、親や社会の過保護と反比例するかのように若者の精神的成熟度の伸び率は緩やかに感じる。特に政治面での知識不足には驚かされる。身近な政治問題にしても「何も無い所にできた基地の周りにわざわざ集まって住む沖縄の人が悪い」と普天間基地問題を曲解する話や辺野古で基地前に座り込んでいるのは過激派やお金をもらって反対運動をする人達とのネット上の偽情報を簡単に信用する。彼らの実態は、本や新聞よりもネット上の情報に頼りがちであることやかつての学生運動への反発からか政治問題など考えず学生は勉学だけに没頭していればよいという雰囲気が支配する社会状況にも起因する。

若者と日常的に接している教師たちの感慨とは異なり、政治家は若者はかつてより成熟し選挙権の年齢引き下げに相応しいと考えているようだ。18歳に選挙権を引き下げる法案は全会一致で衆議院を通過し成立する見通しだ。この法案の意味するものは何なのか、果たして法案は妥当なのか、議論が深められてもよいはずであるが、安保法制など重要法案も十分な議論が尽くせぬままに成立させようとする現政権下、問題とはされなかったようだ。多くの危険な変換が今日本の政治界で急速に同時に起こりつつある危機感に苛立つ人は多いが、選挙権年齢引き下げもその一環であり、政治に疎い若者の票狙いと憂う人も多い。安倍首相はネット上の情報活動や若者向けのコンサート会場等への参加に熱心である。与那国の自衛隊配備を問う投票で中学生に投票権が与えられたことも驚きの信じがたい事実だ。

選挙権付与により若者の政治への意識向上が可能とする賛成意見もあるが、特別秘密保護法など自由な発言が封じられつつある現状はそれを疑問視させる。9条の改正や骨抜きのための周辺法律成立を考える現政権、国民の票数は重要だ。自民党は比例代表制度を導入したが違憲とされる1票の格差は是正せず、今、選挙権年齢引き下げである。政策の無い日本の政治は、長期的展望のもと自国利益優先で建てられる米国の対日政策に従うだけだが、その米国路線を突き進む現政権にとり本法案成立は幸先のよいニュースの1つになるだろう。

平和教育の在り方
――継承だけでは不十分

（琉球新報２０１６・６・30）

沖縄の６月は鎮魂の月である。慰霊の日「６・23」があり、県内の小中高校では、それぞれ平和教育が取り組まれている。「６・23」はどのような日なのか。その日をどのように記憶すべきなのか。子どもたちが沖縄戦について学ぶ機会となる。

その学校現場における平和教育について、疑問に感じてきたことがある。平和教育は、過去の戦争について学び、二度と同じ過ちを犯さないよう、平和への願いを新たにする内容であることは当然だが、それだけで終わっている平和教育がほとんどであることに対する疑問だ。

問題について学ぶ場合、その問題はどのようにして起こったのか。その原因を考え、同じ過ちを犯さないために、現実社会でどのように行動すべきなのか。そこまで考えない限り問題は解決しない。

つまり、過去の問題と現在の問題を結び付けて考えない限り問題は解決しないのだ。悲惨な戦争を学び、戦争は嫌だと教えるだけの平和教育になっていないか。

米国と共に核非拡散条約批准を拒否し、安保法案を強行可決し、米国と一体となったテロとの戦争を賛美し、辺野古新基地建設を強行する日本政府。安倍晋三首相も広島、長崎で原爆は悲惨だと祈りを捧《ささ》げ、戦争は悲惨だと沖縄で祈りを捧げる。「積極的平和主義」に象徴されるように意味は全く異なっているのに、平和という言葉が好きで多用する。

戦争の悲惨さに関して、過去の問題としては述べるが、現在については述べない。そのような日本の指導者が容認する範囲の平和教育になってはいないだろうか。

それは、学校現場に政治を持ち込むべきではないとする考えや風潮に関係している。問題が政治に関係していても、学校現場では政治に関する発言や討議は避けたい。だから、「3・11」での原子力発電所崩壊による悲劇は語られても、原子力発電の是非を問う討議には発展しない。沖縄戦の悲惨さについて語られても、目の前の米軍基地については言及されない。

過去は過去の問題として切り離され、事実だけが継承され、そのようなことが再び起きてはいけないと願う。過去の歴史、事実を継承することは大事なことであり、これだけでも多くの努力が必要とされる。しかし、過去を現在と結び付けて考えない限り、未来は築けない。

過去の戦争の悲惨さだけを継承する平和教育では、未来の平和は築けないと感じている。

政権暴走　国民に主要因

――覚醒させる役割　沖縄県民に

（沖縄タイムス2017・1・13）

総合型リゾート（ＩＲ）法案、カジノ法案が自民党などの賛成多数で衆議院で可決した。５時間余の短時間強行採決だが、近づく衆議院議員選挙のため党のマイナス・イメージとなる法案の可決を早めたとされる。

安倍晋三首相の「（どうせ）国民はすぐ忘れる」放言を思い出す。民進党蓮舫代表の質問「賭博として法律で禁止され、負けた者から収入を得るカジノがなぜ成長産業なのか」への安倍首相の答えは「カジノはＩＲ法案の一部でしかない」だ。ごまかし言い逃れる手法、論理力欠如、一国の首相の答弁としてあまりに恥ずかしい。国会の重要法案可決時の彼の答弁は全てこの調子でまともな論議ができない。ディベートはなぜと問う根拠が重要、論理力に弱い日本こそ必要と説き教える者として、最悪の見本を見せて恥じない日本の首相には怒りを覚える。

しかし、大きな疑問はこのレベルの国会答弁を繰り返す政権の支持率が落ちないことだ。個人情報保護法、集団的自衛権、安保関連法、障害者自立支援法、年金改革法、ＴＰＰ、カジノ、全て論議不可能な安倍政権下で採決された国民に不利益となる可能性大の問題法案だ。カジノ法案も、施設の８割が日本人客対象で海外投資者歓迎というだけで国内経済には不利益の可能性大である。反対も多いなか強行採決が可能なのは自公が多数であり選挙に勝利したからで、反対が多い法案を議論なしに強行可決させ続けるのは国民だ。さらに疑問は従来許されない放言が許され続ける状況だ。

「ナチスがやった方法を採択すればよい」（麻生太郎財務相）「国民のデモも一種のテロ行為」（石破茂元自民党幹事長）「マスコミを懲らしめるには広告料収入がなくなるのが一番」（大西英男衆院議員）の放言や強行採決を許す理由は「では、どの党なの？　他にないでしょ」の本土出身の私の友人の言葉に集約される。現政権のありさまとして集約されるのは米国追従であり、友人の弁解は「では米国以外のどの国？　他にないでしょ」となる。米国やそれに追従する日本に疑問を抱かない日本人が安倍政権の暴走を許すが、行きつく先は憲法改悪だ。

多くの法案に反対しつつ現政権を支持し続ける国民に、選挙でＮＯを突き付けた沖縄は含まれない。27年間の米軍支配下で民主主義や平和を掲げる米国が何をしたか知っているからで、沖縄戦で高江、辺野古が象徴するように沖縄のみに犠牲を強いる日本を知るからだ。

沖縄は政治的先駆者と白井聡は表現する。一向に目覚めぬ日本国民を目覚めさせる役割を沖縄は担っており、高江、辺野古反対運動もその一つだ。

知識層に広がる思考力低下
――本質捉えきれない日本人

（琉球新報２０１７・６・19）

「永続敗戦論」で白井聡氏は、昨今の日本を「知性の劣化」があると言う。確かにネトウヨやフェイクニュースに影響される若者だけでなく、日本人全体の物事の捉え方が表層的で思考放棄の感がある。専門家はその風潮を「反知性主義の時代」と評する。反知性とは「知的な生き方やそれを代表する人々に対する憤りと疑惑」と定義される。米国でのトランプ支持現象にはあったかもしれない。しかし、今の日本の反知性は、知識人に対する大衆の反感ではなく、大衆を含め政治家やジャーナリスト等知識人であるべき人々にも広がる思考力低下と定義したい。本来の反知性には鋭い批判や正義もあった。が、今の人々は常識や情報に富んでいるが、物事の本質を捉える力に欠け権力に従順な傾向がある。

加計学園問題で菅良二今治市長が、文科省での「総理の意向」と書かれた文書の存在を告発した前川喜平前事務次官に対し「守秘義務違反で公務員道に外れる」と批判した。公務員は名称の通り公（国民）に奉仕すべきであるが、その国民に開示すべき情報を隠蔽《いんぺい》する官邸への忠義に欠けると批判する。公務員の定義も知らない市長を持つ今治市が気の毒だ。文書の存在を認める文科省官僚に対し義家弘介副大臣も「守秘義務違反で処罰」と威嚇し、政治家が奉仕すべきは国民でなく上司の総理だと従順ぶりを示して恥じない。

問題隠しのため美辞麗句を駆使する政治家の発言が論理力欠如になるのは帰結で、同調する未熟な、あるいは確信犯のジャーナリストもいるが、それらに惑わされ物事の本質を把握できない人も多い。それが現在の日本の「反知性」だ。

沖縄で尊敬される野球界の指導者の「辺野古移設等決定事項に従わない沖縄人は問題、地元紙のプロパガンダ的洗脳が怖い、常識あるさわやかな沖縄になって」との産経新聞上の発言も一例だ。移設決定か県民総意を裏切ってなされた、地元紙が沖縄の歴史を反映してきたことへの認識が無い。

常識クイズが大好きな日本人だが物事の本質を捉える力が不足と常々感じてきた。日米の占領下で苦難の歴史を持つ沖縄人は例外と思っていたがそうでもないようだ。義家副大臣の発言に対する自由党森裕子議員の感情を露わにした問いを感情的と批判した女性議員の姿勢も、大事より些末《さまつ》を問題にする反知性だ。

人権や自由が抑圧され情報隠蔽が続き、国連特別報告員に警告を受ける今の日本でさわやかな沖縄人や上品な女性でいるより、怒れる沖縄女性でありたい。

事なかれ主義、集団迎合か
――政治的発言への恐れ

（琉球新報２０１７・８・20）

沖縄の平和教育について書いたことがある。「過去の沖縄戦の悲惨さを伝えるだけで現在の政治問題に触れない平和教育では平和を築く力にはなり得ない。過去を現在に繋《つな》げて考え行動することによって未来は築ける」。しかし、それは教育現場において難しいようだ。何故か。

教育現場ではすべて中立であるべきとされ、政治的話題がタブーとされる風潮があるからだ。会話レベルでも政治的話題は避け、平和教育に関するアンケート調査も政治的と拒否される状況がある。政治的話題に触れない、あるいは賛否両方の立場を軽く述べるに留《とど》める。それがあるべき姿とされる。結果、昨今の新聞を読まない若者、政治について考える機会の少ない若者は、ネット上の嘘情報やそれに基づく誤った意見に影響されている感がある。

政治的であることを避ける教育現場だが、一方において現政権に見られるように政治が多大な影響力を及ぼすのは教育界だ。教育法や教育制度、検閲教科書を通し影響力を発揮し続ける。

政治を敬遠する傾向は、教育現場だけでなく日常生活にもある。政治的な話題は疎まれ、芸能界やタレントの話題で盛り上がる。政治的発言をする人は色眼鏡で見られる傾向もある。投票率にも表れるその政治的無関心は日本人の特徴だと欧州出身の友人は嘆いた。

人が集団で生きる社会的存在である以上、その集団を管理運営する政治家の影響から逃れることはできない。生活のすべてに政治は影響するにも拘《かか》わらず、政治に関わる発言や行動を恐れ避ける人は多い。過去の学生運動への負のイメージや政治より芸能界の話題に集中するメディアの影響もあるが、事なかれ主義や集団に迎合する日本人気質も関連しているのだろう。

風潮は文学界にもある。文学は（政治的メッセージを含め）手段ではないとする文学至上主義だ。私自身は、公的な場に発表し人々に影響を与える以上文学も大枠で政治的存在であり、表現だけでなくメッセージは大事と考える。平等で自由、不正がなく政治に不満がない社会なら小林多喜二の「蟹工船《かにこうせん》」は生まれなかった。政治的メッセージを発信せずに済む社会なら、心置きなく純文学を追求し耽美《たんび》主義を楽しめるだろう。

沖縄の歴史を知り歳《とし》を重ねるにつれ沖縄問題が未《いま》だ解決されない状況下、政治的であることを避けて生活することはできないと感じる。人により状況により関わり方はさまざまでも、少なくとも政治的発言を恐れたり、市民の権利としての政治的行動から逃避したりしない努力はしたい。

基礎研究軽視のツケ大きい
——国際社会からの警告

（琉球新報２０１７・10・10）

テレビや新聞を前に最近の政治に怒る人は多いかと思う。それも政治状況について情報提供するメディアがまだ健在だからできることだ。トランプ米大統領に見るように政治家が平気で「嘘情報」を流す昨今、正確な情報を提供し鋭く深く問題を分析するメディアも少なくなってきたが、羽鳥慎一モーニングショー「そもそも総研」は数少ないメディアの一つだ。21日放送も日本の将来にとって重要な問題を提起していた。

科学技術分野でノーベル賞受賞者が多い日本だが、それは80年代の賜物《たまもの》であり現状では日本の科学技術は「没落寸前」で将来の受賞は危ういという。

原因は安倍政権の政策による基礎研究の軽視と研究予算の大幅削減であり、世界的権威の英国学術雑誌「ネイチャー」が「日本の科学技術は衰退」と異例の警告を発した。

基礎研究予算を半減し即戦力の実践的研究にシフトする政策を「教育革新」と安倍首相は言う。「革新」との表現で良い印象を与える印象操作か。逆の政策を取るドイツはここ数年研究の質が飛躍的に向上し世界大学ランキング2校の日本に対し20校、ノーベル賞受賞者数10位の日本に対し3位だ。

日本は高等教育の公費負担率は世界最低水準で私立大学が多く民間丸投げの状況と言える。大学運営交付金も減額され続けている。目先の戦略のみで理念や長期的展望の無い政策を、研究者は「危機的」と表現し、研究センター長は若手研究者が育たないと懸念、「日本の未来を守るため早急な方向転換を」と述べている。

公文書館をよく利用する私としては、特定秘密保護法による公文書公開制限による研究面への負の影響も懸念材料だ。

国際社会の日本政府への警告は研究分野だけではない。政治のあり方について「福島原発の健康被害」では、チェルノブイリ事故の教訓を生かしておらず、低レベル放射線による癌《がん》の発生を指摘した疫学的研究を無視し、健康調査が十分になされていないと国連特別調査官のクローバー氏に警告されている。

「共謀罪」法についてはその広範な適用範囲によりプライバシーに関する権利と表現の自由が過度に制限される可能性があるとして国連特別報告者ジョセフ・ケナタッチ氏が警告している。また、「意見及び表現の自由」の調査を担当する国連特別報告者デービッド・ケイ氏は「日本政府はメディアに圧力をかけている」として、メディアの独立性と国民の知る権利促進のための対策を緊急に講じるよう政府に警告している。日本はいつからこのような国になったのだろうか。

国民の政治的リテラシー低下

――現政権の国会討議問題

衆議院選挙結果に、野党分裂や小池百合子都知事の傲慢《ごうまん》姿勢による希望の党への逆風など要因が分析されているが、私たち国民の政治的リテラシー低下も付け加えられるのではないか。政治的リテラシーとは、社会が直面する重要問題は何かを理解し、政治論争で論者（政治家）たちがどう考え、政策がわれわれにどう影響するかを判断し主体的に政治に関わる能力だが、社会が直面する重要問題の把握に問題があると感じた。

国民は、森友、加計《かけ》学園問題に見る、政治家個人の意向で法律や規範がねじ曲げられ、公的組織が国民に公表すべき情報を隠蔽《いんぺい》するという、国の組織や民主主義が正常に機能しない問題は、北朝鮮問題に比べて小さいと判断した。小池都知事が森友、加計学園問題を追及し続けたことが票伸び悩みの要因とされたことや、今回の勝利は「北朝鮮問題のおかげ」との麻生太郎副総理の発言が物語る。北朝鮮を国難と表現した戦略は功を奏した。しかし、この問題を小さいと捉え北朝鮮を日本の重要問題とする考えはおかしい。政治家の権力乱用、公的機関の不正や情報隠蔽など直接国民に影響する政治のありようが問われている。北朝鮮問題は米国との問題で日本との問

（沖縄タイムス２０１７・11・26）

題ではない。日本の安全の懸念からなら、現政権の米国寄り発言が北朝鮮との摩擦やリスクを生じさせている現状への認識不足である。

北朝鮮問題重視は、日本の安全は米国が保障するとの根拠なき信頼や、「安定政権だから」との自公政権への支持理由につながる。法規が守られ民主主義や議会政治が機能してこそ安定だが、この場合の安定は「米国追従である限り日本は安定」との考えだ。憲法9条改正は現政権の悲願だが、各議院の3分の2以上の賛成で国会が発議、国民の過半数の承認で成立と96条が定める。米国はすでに1951年に米国や同盟の戦争に日本は加担すべきで9条は日米安全保障条約にとり障害だと述べており改正は米国の悲願だ。孫崎享氏は、日本独自路線を取る政治家はつぶし米国追従政治家を厚遇してきた米国支配の「戦後史の正体」を暴いた。来日したトランプ大統領は、北朝鮮のミサイルを日本は迎撃すべきと述べ米国の戦争を日本の代理戦争にする意図あらわだが、現政権なら追従の可能性大だ。日本の主権や主体性への問題意識が国民にない。

私たちの政治的リテラシーを高める方法の一つは論理的で活発な国会討議だが、自らが野党時に民主党政権に承認させた野党8対与党2の質問時間を与党の今は逆転せよと迫る現政権では望めそうもない。

体制に組する構造の怖さ
――メディアとネット

（琉球新報2018・2・1）

漫才に政治問題を盛り込んだ芸人ウーマンラッシュアワーが話題だ。小池都知事の都民ファーストの会ならぬ私ファースト、原発を一部に押し付けその利益のみを楽しむ多数、基地被害を沖縄だけに負わせ米軍を思いやる日本、その物事を捉える視点の鋭さと確かさに同感しつつ大いに笑った。特に、そのような日本の重要問題に無関心で芸能人の不倫問題に興じる日本国民の意識の低さを問題視し「お前たちのことだ」と指さすその勇気に感服した。

21日は沖縄市で演芸集団FECの「基地を笑え」を初めて観劇した。臨終の父の遺言を聞こうとする息子が、嘉手納基地の爆音で2度も邪魔され3度目は園田エイサーに邪魔される一幕は笑えた。困難を抱えながら、それが日常なら笑い飛ばし、たくましく生きるしかないうちなーんちゅ。その奥の怒りと悲しみ。政治に無関心と非難される若者が今、笑いの中に政治批判を込め始めている。ウーマンラッシュアワーの村本大輔氏は、その政治批判ゆえに仕事が激減しブログが炎上しているという。嫌いな芸人1位になったと彼自身が漫才で自嘲している。

今の日本に彼の笑いに包んだ政治批判を受け入れる地盤がないことに危機感を持つが、その漫才を嫌っているのは一般大衆ではない。彼らは楽しんでいると思う。もともと大衆には体制を笑う力がある。体制側につくメディアが体制批判を許さず、同じく体制側に組するネットを繰る人達が、一斉に批判を開始するシステムが既に日本に出来上がっており作動する状況がつくられている。

それが徐々に大衆を操作し世論を形成していく。現在の日本の恐ろしい構造であり、その大本は安倍政権で、特に第2次安倍政権以降、米国隷属とともに政治批判をするメディアや個人を圧殺する構造は強化の一途をたどっている。安倍政権下、朝日新聞攻撃や原発の福島、米軍基地の沖縄に対するネット上のヘイトスピーチが始まり激化している現状、官僚が忖度《そんたく》して政権不正を隠蔽《いんぺい》する森友や加計《かけ》問題などでも既に明らかだ。

村本氏へのインタビューをあるテレビ局で観た「なぜ沖縄問題を」の問いに「皆が無関心だから知らせたい」と答えた彼に荒々しく司会者が叫んだ。「でも沖縄はそれで金をもらっているんですよ」。その声に彼は黙った。沖縄が基地と引き替えに交付金をもらい続ける限り、使途が限定され結局十分に沖縄に還元できない交付金のために、基地被害を訴える声は無視され「金をもらうなら沖縄は黙って基地被害を引き受けろ」のメッセージは全国に確実に伝わっていく。それを実感した瞬間たった。

本質見極める知性と感性を
――矮小化に戸惑わされるな

（琉球新報2018・3・23）

英国の若者が悪ふざけで架空のレストランをネット上に立ち上げ偽口コミを流し続けた結果、ロンドン一の人気店となり予約が殺到したとの実話がテレビで放映された。「真実なんて意味がない」と得意気な若者に「あなたのような人が、真実が見えなくなる世の中をつくっているのでは」との質問に黙った。インターネットは世界の隅々まで情報が行き届く便利な世の中にしたが、情報の嘘《うそ》と真実の見極めも難しくなった。

危機感は、嘘情報を流すことは悪いことだという道徳感がもはや存在しないのではないかと思える昨今の政治状況にある。いつの世も人は嘘をつき詐欺も横行するが、官僚や政治家が堂々と意図的に嘘情報を流し国民を操作する現状に、これまでと違う異常さを感じる。森友・加計学園の公文書や裁量労働制の基本データの改ざんがそうだ。沖縄の選挙では根拠なき嘘情報がネット上に流され若者が安易に信じる様を目の当たりにした。それが選挙運動の戦略として闊歩《かっぽ》する。

政治家が公に国民をだまし人心を操作することに罪悪感がない。これまで裏通りで暗躍してきた嘘が表通りで堂々と大手を振っている感がある。人としての基本的な大事なものが崩壊していく不気味さがある。ある程度の秩序がありその陰にいた不道徳が、秩序が崩壊した結果、表に出てきたのではないかと思うような状況だ。

嘘情報で国民を操作する政治家は問題の本質から目をそらすため〈矮小化《わいしょう》〉を手段とする。過去には沖縄返還を巡る日米の密約を暴露したジャーナリストと、情報を漏らした女性との男女関係に矮小化した。森友問題〈忖度《そんたく》〉の表現で報道する、日本の民主主義崩壊の政治が問題である時に、米国と北朝鮮問題を国難と騒ぎ選挙争点をそらす〈矮小化〉だ。選挙で「基地問題に焦点をあてて他の問題に対処していない」との批判を、真実かどうか市政の業績で検証もせず、過去の基地容認の政治家は政治資金を市政に素晴らしく生かしていたか検証もせず安易に信じる。〈矮小化〉が成功した例だ。今また、公文書改ざん問題を「佐川事件」と呼んで矮小化し政治家は責任逃れをする。

真実が意味を持たない社会とはまさに秩序が崩壊した社会だ。その回復には、国民が真実を見極める知性と感性を自ら育てるしかない。〈矮小化〉に惑わされず本質を見る力を持ち、国民をだます政治家を許さない市民が増えるしかない。美辞麗句には要注意だ。例えば、人は真実よりもお金の数字で明るい未来を描いて見せる〈経済〉に弱い。英国の若者も何が人を引きつけるかに長《た》けていた。

モラル、知性低下の要因

――「ネトウヨの正体」とは

（琉球新報２０１８・10・27）

個人的感想だが、実は多くの日本人が感じていることではないか。それは日本社会のモラルや知性が低下しているということだ。技術や便利性の日進月歩にもかかわらず、人としてのモラルや知性が低下している印象を社会全体に抱く。その最たる原因はネトウヨにあると考える。

ネット右翼の省略形ネトウヨを知らぬ人はいないほど、今の日本社会はネトウヨが闊歩《かっぽ》する。特徴は①安倍晋三政権やその政策を賛美。②安倍政権の政策反対者を攻撃。③左翼や弱者を攻撃。④中国・北朝鮮など隣国の脅威をあおり攻撃、米国は批判しない。⑤安全保障の大切さを強調、人権や平和憲法を守る意見を攻撃。⑥年金や貧困、教育問題には関心が無いが平和教育は攻撃。⑦天下国家を論じるが事実無根が多く内容が脆弱《ぜいじゃく》。⑧名前を出さず匿名。⑨過激表現で誹謗《ひぼう》中傷。⑩話題に即反応し拡散。①や②の具体例として、基地に反対する沖縄県や原発に反対する福島県に対し「沖縄土人」「福島土人」と攻撃した。

ネトウヨとはどのような人達か。その正体について、過激な表現や史実や事実に基づかない内容が高学歴の知的な人達と程遠いイメージであることから「低学歴、低所得、社会的地位も低い」人達とされてきた。

しかし特徴を分析すると、安倍政権やその政策から利益を得ることができ、左翼や弱者と対峙し、一日中ネットの前に座ることができる人達だ。

貧困問題に関心が無いから低所得者ではなく弱者攻撃するのだから社会的地位が低い人達でもない。特徴をまとめると「安倍政権側でその政策から利益を得る人達、ネトウヨ活動から利益を得る人達」だ。明確になることはネトウヨの背景に安倍政権がいることだ。

麻生太郎大臣はそれを裏付ける発言「自民党支持者は新聞を読まない」を新聞攻撃の材料に使った。政治家の知性もここまで落ちたかと驚いたが「国民はネットから情報を得るようにすれば自民党政権支持者になるから新聞を読むのをやめよ」とのメッセージで「ネトウヨは私達がつくっている」と公言したわけだ。麻生大臣親族がネトウヨ温床の「ニコ動」取締役。２０１３年からの安倍首相の頻繁なネトウヨ発言。自民党「ネット対策チーム」はネット工作業者を雇い平井卓也自民党ネットメディア局長の陣頭指揮下24時間監視で党に都合の悪い書き込みを削除反論し、対立候補や他党へネガティブキャンペーンとのＮＨＫニュース９報道。最近の選挙での事実無根のネガティブキャンペーン。日本社会のモラルや知性低下の原因は安倍政権という結論は日本という国にとってあまりに悲しい。

Ⅲ章　政治への「怒」・ＴＰＰ・憲法

裁判員制度の是非検証
――大学の授業通し多く学ぶ

（沖縄タイムス２００８・８・19）

いつ、なぜこのような法律ができたのかさえ知らなかったのだが、来年五月から裁判員制がスタートするという。そこで、前期の英語ディベートの授業は前半は死刑制度、後半は裁判員制を論題とし勝ち抜き戦で学生に英語でディベートをさせた。回を追うごと立論や証拠資料が充実し尋問での応答も迫力あるものになっていき、私自身が裁判員制について多くを学ぶ機会となった。

大筋で学生が挙げた賛成理由は以下の四つであった。①エリート意識が強く世間の常識に疎い裁判官たちの中に市民の常識を持ち込むことができる②難解で遠い存在である司法の世界についての市民が理解を深める機会となる③上下関係や検察官との人間関係ゆえ裁判官が自らの良心に従った判断ができないという問題が是正される④仕事としてマンネリ化し数をこなすことが業績となる状況下で裁判に持ち込まれるケースの九割以上が有罪となるという問題が是正される。

反対理由として主に挙げられたのは次の四つであった。①裁判員に指名されても例外を除いて断ることができないという強制的やり方は個人の自由や権利を保障した憲法一三条、憲法一八条に違反する②司法の専門家でない一般市民は感情に流されやすかったり、メディアに影響されたりしやすく、公正な裁判ができるか疑問である③裁判官三人裁判員六人の構成だが裁判官の持つ力が大きく、その意見に左右されて市民の意見があまり反映されない恐れがある④死刑を含め重い量刑を決定しなければならず精神的負担が大きい上、逆恨みの報復の危険から守られていない。

つまり裁判員制導入により現在の刑事司法の問題点が解決されるか、そのきっかけとなるという期待感が賛成理由にあり、市民の安全、自由、権利が脅かされるという危機感が反対理由にあるということだ。

沖縄タイムスの「裁判員制度を考える」という特集で、私の一番の疑問であった「なぜ？」が解決されたように市民への教育力というプラス面でのメディアの役割は大きいし、逆にその報道のやり方で冤罪《えんざい》に市民を加担させてしまうというマイナス面での影響力も大きい。裁判員制とメディアとの関係が重要になってくるわけだが、それが国家のメディア規制や守秘義務管理へと動くならば恐ろしい状況となる。裁判員制を最大の悪法にするかしないかは、私たち市民の力、その精神的レベルにかかっているということかもしれないと思うのは楽観的すぎるか。私たちが「長いものには巻かれろ」タイプの日本人、批判の矛先は上よりも横に行ってしまう日本人の一人なら、裁判員制によって得るものより失うものは大きいといえる。

本質と些末　混同に注意
——国民の安全を脅かすのは何か

（沖縄タイムス2014・5・25）

アジアがきな臭い。中国とベトナムが島をめぐって海上で衝突し、安倍政権は「集団的自衛権」を可能にしようとしている。ヨーロッパは「現在のアジアは暗殺が引き金となって大戦が勃発した戦争前夜のヨーロッパと酷似している」と懸念する。現政権の「集団的自衛権」実効の動きに関しての街中インタビューで、ある主婦が「いろいろ領土問題で安全が脅かされているからね……」と一定の理解を示すような発言をした。

物事を判断するとき注意しなければならないのは、本質と些末《さまつ》を混同してしまうこと、原因と結果を混同してしまうことである。それを防ぐには最終的に何を欲するか最終目的を明確にして、ではそのためにどう行動すべきかを考えるべきだ。この場合、端的に言えば最終的に「戦争か平和か」どちらを欲するかであるが誰もが平和と答えるだろう。最終目的は同じだ。

では、目的のためにどう行動すればよいか、平和を維持するためにどうすればよいかという点で意見が異なってくる。誰もが陥りやすい先の主婦の発言だが、安全が脅かされている場合「戦力行使は仕方がない」と考える時点ですでに「戦争」を認めている、つまり目的をすでに放棄している矛盾、些末が本質を消している矛盾に気づいていない。

次に「安全が脅かされている場合」という条件だ。この条件「今、実際に安全が脅かされている状況なのか、否か」の判断も人によって異なる。実際は相手はけんかを売っているつもりはないのに、けんかを欲してはいないのに先にけんかを売ってしまう状況を自らつくり出してしまうことがある。領土の奪い合いは実際に国民の安全を脅かしているのか？　尖閣問題において領土問題のきっかけをつくったのは石原慎太郎元都知事であったがその原因はすでに忘れ去られて久しい。原因と結果の混同に気づいていない人は多い。

さらには、安倍晋三首相が主張する「集団的自衛権」である。自衛権とは他から攻撃され自国の安全が脅かされた場合に発せられるものであるが、それに「集団的」という言葉を入れれば米国の戦争に日本が加担できるシステムに変化する。つまり日本は米国の安全を守るため自衛権を行使するわけだが、次の疑問は「では米国の安全を脅かしている国はどこか？」だ。私の記憶では米国国民はいまだかつて他国の侵略により安全を脅かされたことはなく、他国を侵略してきた歴史しかない。日本はその世界最強の米国の安全を守る。それが自衛であると言う。日本国民が米国国民として米国の仮想敵国と戦うことを良しとする理論だ。

沖縄が裁判を闘い続ける意味
――警告を発し、国を問う

（琉球新報２０１６・２・20）

テレビに首相の顔が映る度に怒りが噴出する私だが、それは異常な条件反射ではなく、沖縄のある年齢層には共通したものらしい。同感者が多くて安心する。しかし、日本全国となるとマイノリティーになるらしい。「アベノリスク」と経済専門家が呼んだアベノミクスは、以前から綻《ほころ》びを見せ始め破たん寸前であるが、支持率は一向に下がらない。つまり全国レベルでは、現政権に対し怒りが高まらないのである。

なぜ沖縄で現政権に対する怒りが強いのか。もちろん、辺野古新基地建設への民意無視の強硬姿勢ゆえである。県が国に訴えた史上初の裁判は歴史に残るものとなる。だが、それだけではなく、この怒りは現政権が積み重ねてきた施政に対する積み重なった怒りなのである。

それを作家の辺見庸氏が見事に表現している。その著書「もう戦争がはじまっている」の冒頭で怒りは爆発する。「この病んだ政権が、ファシストの、右翼ポピュリストの、国家主義者の砦《とりで》だからという図式的な理由からではない。それよりも、この政権の全域をつらぬく人間蔑視、弱者・貧者さげすみ、強者礼賛、あられもない戦争衝動、『知』の否定、財界すりより、ゼノフォビア、夜郎自大、組織的大衆（メディア）操作、天皇制利用…が堪えがたい段階にまできているから、安倍政権をうちたおすべきだと思った」。

辺野古問題への安倍政権の強硬姿勢の背景には、辺見氏が言う「弱者・貧者さげすみ、強者礼賛、戦争衝動」がある。安保法案の抗議行動に対する安倍首相の「どうせ国民はすぐ忘れる」は、人間（国民）蔑視の表れであり、日本での討議より先に成立を約束するスピーチを米国議会で、英語で行ったのは強者（米国）礼賛以外の何物でもない。

現政権が計画した数々が達成され、今や頂点にも達しようという危機感を、他県のどれだけの人が感じているだろうか。

県民はその危機をより敏感に感じ取っている。それは私たちが弱者・貧者であり、強者（米国・日本）に抑圧されてきた歴史を持ち、国防を一手に引き受けさせられているからである。

しかし、強者に対する弱者の抵抗の象徴としての辺野古問題をめぐる裁判は、ある意味それを超えてこの国の在りようを問うている。その意味では、この国を救うためにもこの裁判を闘い続ける役割を、この国へ警告を発し続ける役割を、沖縄が担っていると考えている。

ＴＰＰ　日本の将来左右
――過去ではなく進行形の問題

（沖縄タイムス２０１６・６・11）

ＴＰＰ（環太平洋連携協定）について加入が討議された時期も過ぎ、加入決定後は話題になることも少なくなったが、賛成派の方と話をする貴重な機会があり、改めて問題を考えることができた。私自身はＴＰＰ反対だが、中身を議論する以前に二つのシンプルな理由がある。

①交渉がすべて秘密で守秘義務が課され、協定発効の４年後まで公表されない不透明さ――である。政府発表の黒塗りだらけの文章にまず危機感をもつ。中身が不明な協定をどう判断できるのか？　協定発効後に欠陥や問題が明らかになっても、４年後には法律として国民を縛りどうすることもできない。

②現政権への不信感――だ。当初は何事もなく、２０１０年に米国主導のＴＰＰになった途端加入への圧力が出現、農業擁護派以外の与党議員が次々賛成した。大企業や外国資本家優遇の金利政策、米国の紛争へ自衛隊が参加できる安保法制、対テロ戦争参加と自国より米国利益を優先。孫崎享氏が指摘した戦後の米国隷属国家路線を進む政権が遅れて参加し弱いとされる交渉力でどれだけ日本の利となる結果を生み出せるのだろうか。

中身に関する最大の反対理由は多くの知識人が危惧するICSID（国際投資紛争解決センター）だ。貿易（投資）で両国間にトラブルが発生した場合、日本における問題であっても日本に裁判権がなくICSIDが裁く。環境破壊をもたらす多国籍企業や外国企業にゴーサインが出る可能性が高い。利益優先の外国企業から自国民の生活や安全を守ることができない事態が発生する。

米国は、日本は農業市場だけでなく保険市場も閉鎖的と批判している。国民皆保険制度が崩壊すれば米国の民間保険会社が進出し、加入できない低所得者は十分な医療が受けられない現在の米国のような状況になることが憂慮される。

TPP対策の農業助成策を発表した小泉進次郎自民党農林部会長は自国農家ひいきとされ、自国同様に相手国の人や企業を扱う「内国民待遇」違反でワシントンDCで喚問される可能性がある。その危険を冒してまで農家支援をする気は政府には実はなく、苫米地英人氏は選挙対策のリップサービスと見る。現役時代は原発推進政策を遂行し退職後に反対、「原発の怖さを知らなかった、だまされた」との小泉純一郎元首相のあきれた弁解を思い出す。

TPP批准には多くの国で反対は多い。しかし日本では過去の問題であるかのごとくメディアも取り上げない。TPPは安保法制同様日本の将来を左右する問題だ。参院選でも選出基準の一つに据えたい。

「悪法も法なり」と法の支配
――未来を問う住民の支配

（琉球新報2016・11・19）

弟子が逃亡を勧めたにもかかわらず、「悪法も法なり」と死刑判決に従って死んだとされるソクラテスの話は有名だが、中学の頃か高校の頃か、聞いた当初から納得がいかなかった。法を制定するのはあくまでも人間であり、人間であるからには不正も間違いも犯す。制定された法が悪法なら、また、下された判決が不当なら、抵抗してしかるべきであって従うべきではないと思ったのだ。

私のような考え方は、法を尊重しないようでいて、法の支配的考え方だと思っている。「法の支配」とは、専断的な国家権力の支配を排し、権力を法で拘束する基本的原理だと定義される。日本においては①人権の保障②憲法の最高法規制③司法権重視④適正手続きの保障――とされる。

②に関しては、既に憲法を形骸化する多くの判例があり、日米安保条約が最高法規である状況が常態化している。③に関しては安倍晋三政権下、メディアや日銀、司法もコントロール下にある状況が問題として指摘されている。メディア報道や日銀人事への介入、福岡高裁那覇支部裁判長の人事も突然であった。

④に関して、「基地移設は県外」との公約を突然破り、ほぼ独断で県内移設を承認した前知事のやり方は適正なのだろうか。①に関しては、新基地建設を巡る現政権の沖縄対策は「人権の保障」に反すると国連で決議されたばかりだ。

昨今、海外からも指摘されているが、権力が法で拘束される状況ではなく、権力に法が追従する状況である今の日本は、「法の支配」下にあるとは言えず、真の法治国家と言えるのか疑問だ。

辺野古違法確認訴訟福岡高裁判決に対する抗議集会を伝えたニュースのツイッターは「法治国家の法に従え！」「三権分立だろ！」など、沖縄の抗議に対する罵詈雑言《ばりぞうごん》に満ちていた。現状が法治国家であり三権分立が確立された状況と、真に言えるのかという問題意識は欠如している。

私を含め、今回の県の敗訴を想定内と思った人は多かっただろうし、最高裁に期待していない人も多いだろう。上へ行くほど権力志向は強くなる傾向があるからだ。

では、私たちはどうあるべきか。判決に従い権力にひれ伏すか、抵抗し続けるか。平安座島CTS建設反対運動は規模縮小や原子力発電計画の頓挫につながり、長年の反対運動で白保は埋め立てを回避、サンゴを保護し飛行場が建設された。

ソクラテスの判断は間違っていたと思う私にとって、判決より大事なことは、どちらが沖縄や日本の未来にとって善かを問う判断力であり、過去、住民の抗議運動が社会を改善してきたという市民運動のもつ力なのである。

内閣支持率に見る惰性
——国民の目覚めが必要だ

（琉球新報2017・3・23）

森友学園問題がメディアを賑《にぎ》わせている。北朝鮮ミサイル問題の方が重要だと述べたコメンテーターがいたが、日本にとってこの問題がもつ意味はミサイル問題よりはるかに重要だ。北朝鮮問題は日本を媒介として米国と対峙《たいじ》する問題であり最終的に米国に依存する問題だが、森友学園はまさに今の日本独自の問題を提示しているからだ。

安倍政権については発足当時から右翼政権だと海外メディアが批判してきたが、閣僚のほとんどが右翼思想を拝するとされる日本会議所属である事実からも納得がいく。籠池《かごいけ》理事長はその日本会議がらみで政治家とつながっていた。無邪気な園児に教育勅語を唱《とな》えさせ安保法案可決をたたえさせ「安倍首相、頑張れ」と声援させる驚くべき教育内容だが、人ごとではない。教育勅語を唱えさせる保育園はここ沖縄でも広がっていると聞く。

沖縄を含め日本が右傾化しているとすれば政権が右傾化しているからだとも解釈できる。森友学園問題は国民の財産である国有地を根拠なく破格の低価格で払い下げたことや財政的、教育的に問題の多い学園に小学校設置を認可した行政責任が問われている。だが、根本問題は民主的手法を無視し法律さえ都合よく解釈し意のままに牛耳る現政権の姿勢に在る。

米軍基地について学習する平和教育は偏向教育と厳しく批判するが、中国や韓国を敵視する教育方針の学校は応援する。その姿勢は偏向している。それを示すように籠池氏が財務省理財局長から身を隠すよう指示され、安倍首相から寄付金をもらった話が出た。森友問題での書類紛失同様、南スーダンの自衛隊「日報」問題でその隠蔽《いんぺい》体質も指摘されている。

現政権の差別的強硬姿勢に沖縄は苦しんできた。辺野古新基地訴訟では政権寄りの裁判長を突然に人事配置、話し合いと称し和解を持ち掛けながら話し合いに応じず、選挙敗北の翌日、他県から大勢の機動隊を高江に導入し抑圧、国際的に人権侵害と指摘されながら、鉄柵を切ったと山城博治氏を5ヵ月も面会謝絶で留置し続け、今、岩礁破砕許可不必要を狙い勝手な解釈で知事の権利を奪う。

この政権を国民は50％以上の支持率で支える。「他に良い党がない」が理由だ。推進し続けた原発を3・11後も推進、国民負担増の予算膨大化、天下り復活、大企業優先で弱者に厳しく平和憲法改悪が目標。他に勝る理由が解せないが、長期政権の米国追従、独自思考停止の惰性は国民には安全に思えるのだろう。森友問題は現政権の本質を暴露するが、野党の追及には国民の目覚めが必要だ。

森友学園問題こそ重要

――政権暴走阻止へ　今が岐路

トランプ米新政権の36％という低支持率は、特定国名指しの入国禁止措置や廃止と明言しつつオバマケアを受諾せざるを得ないという思慮不足、力量不足の政治力故だが、ブッシュ元大統領同様、支持率回復に戦争を利用する可能性を政治評論家は指摘していた。やはり、突然シリアに武力行使、朝鮮半島に大量の軍艦を派遣し世界を緊張させている。

各国はコメントを発表したが、日本のコメントはどの国も聞く必要がないと思っただろう。日本政府の米国追従発信は１００％に近いからだ。極貧小国も独自コメントを発信するが、金持ち先進国日本に独自政策はなく米国追従以外の選択もない。それはそのような政党、政権を支持する国民、それに疑問も持たず、恥ずかしいとも感じない日本国民の集約である。

森友学園問題の当初から自民党政治家は北朝鮮の脅威がより重要だと主張していたが、米国のシリア攻撃や朝鮮半島の緊張にその声をさらに強めている。それには森友学園問題での野党の追及を矮小化《わいしょう》し、そんなことをしている場合ではないとの論調を国民の間に高めたい思惑がある。

しかし、世界情勢においては米国追従の選択しかない日本にとって、中東や朝鮮を議論するよ

（沖縄タイムス２０１７・４・19）

り森友学園問題を議論するほうが数段重要である。森友学園問題は米国が関わらない国内問題であり、国民が審判することができる問題だからだ。現政権の本質を象徴する問題で、この政権の暴走をこれ以上許した場合、日本はどうなるのか、この問題にどう対処するかが将来の日本を決定する。今が日本の岐路と感じるからだ。

この問題の重要性は、原発事故の被害者福島や基地問題の被害者沖縄など、現政権が推進する米国寄りの政策に反対し不当に弾圧されている県には明瞭だが、我関せずの他県には「忖度《そんたく》」で片づける問題かも知れない。安保法案、集団的自衛権など憲法違反の法案が十分な論議も尽くさず自公の多数決で可決され続け、いわゆる共謀罪も閣議決定。論理的説明ができず従来の法や慣例無視の異例尽くし。麻生太郎副総理（当時）が述べた法律を骨抜きにする方法で独裁したナチスのやり方を追従するが、最近の彼はそれが功を奏していることにご満悦の様相だ。

財務省は８ヵ月前の公文書を廃棄したと提出しないが、籠池氏への個人攻撃だけは過熱する。傲慢《ごうまん》な独裁権力の恐ろしさを森友学園問題が見せつけているが、国民はそれでも現与党政権を支持し続ける。暴走を止められるのは国民だからこその日本の岐路である。

「押し付け」論は矛盾している
——憲法上位に安保　米に隷従

（琉球新報2017・5・2）

「GHQの押し付け憲法だから」は憲法改正派が言ってきた改憲理由だが、史実と異なることは以前から指摘されてきた。NHKスペシャル（4月30日）でも9条発案者が時の幣原《しではら》喜重郎首相であり、作成段階で日本国憲法の条項に多くの議員が関わった史実を明らかにしていた。百歩譲って押し付けられたとしても、良いものは良い、押し付けが問題ではなく中身が問題である。310万人（厚生労働省公表）もの犠牲者を出しながら反戦・平和を希求しなかった、平和憲法をGHQ（連合国軍総司令部）が押し付けるしかなかった日本なら、逆に恥ずかしいことだ。侵略戦争の過去を反省できない国民ならマッカーサーに12歳の精神レベルと称されても仕方がない。

改憲派の「押し付け憲法」論は破綻している。憲法改正派が狙うのは9条だが、その理由として挙げられる「自衛隊が憲法違反と解釈されるから」も奇妙だ。憲法違反の状況をつくっておきながら、安全保障条約が憲法の上位に来る司法状況を許しながら、現実が憲法違反だから憲法を変えろとは矛盾する話だ。このような理屈を許すなら、理想を追求する法など必要なく、理想とかけ離れた現実に法を合わせればよいことになる。法治国家は名ばかりという状況を招きかねない無責任な理屈だ。

最も多い9条改正理由は「安全保障環境の変化」で、北朝鮮中国の脅威が挙げられているが、1950年代存在したソ連の脅威とどう異なるのか。情勢の変化に応じて憲法は変えられるべきものなのか。9条は自衛権の発動を禁止していない。侵略戦争のみを明確に否定する。脅威と向き合うに自衛では不足で侵略の積極性が欲しいというのだろうか。

日本の現状は「戦後史の正体」や「永続敗戦論」等著作で有識者が明らかにしたように、米国の戦争に巻き込まれる脅威の方が北朝鮮や中国の脅威より勝る。負け戦に先に出るほど北朝鮮も愚かではなく、米国の先制攻撃に日本が巻き込まれる危険性の方が指摘されている。GHQの押し付け憲法だから改正したい自立心旺盛な改憲派が支えるのは、平和憲法ではなく安保であり、変えたいのは安保ではなく平和憲法だ。いまだ米国に依存し隷属する自身の矛盾に疑問を感じないのだろうか。

ベトナム戦争によるPTSDを患いながら、平和教育に努力したアレン・ネルソン氏に教育現場で講演をしていただいた。彼は強調していた。「憲法9条に日本の若者は守られている。9条のおかげで他国で人を殺すこともないし、殺されることもない。9条が危機にある今こそ、9条を守って恩返しをすべきだ」

国民、官僚、メディアに責任
――「共謀罪」衆院通過　安倍政権の暴走

（琉球新報２０１７・５・25）

「共謀罪」法案が23日、自民、公明、日本維新の賛成多数で衆議院で強行採決された。安倍政権下で可決されてきた法案は、特定秘密保護法、集団的自衛権、武器輸出三原則緩和等、多くが問題法案だ。特定秘密保護法は対象や基準が不明瞭、公にするべき文書が政府の都合で秘密とされ、国民の知る権利や研究者の調査を侵害する。

集団的自衛権は同盟国の戦争への積極的参加を許す。共謀罪は計画段階で罪とする場合の定義が不明瞭だ。辺野古の抗議に参加しようと誘い合うだけで適用される可能性が高い。国連特別報告者も表現の自由、プライバシー侵害の恐れがあると指摘した。石破茂氏の過去のブログでの「デモもテロの一つ」発言は共謀罪の背景にある思考を表す。各法案に共通するのは中身の不明瞭さと米国の影響力だ。沖縄戦体験者の多くが戦争前夜に酷似すると言うが、違いは日本独自ではなく米国の意向に沿った思考であることだ。

各法案に国民の多数が反対してきた。野党は討議継続を主張するが、毎回「議論は尽くされた」と多数決で強行採決される。国会中継を見る限り、質問側にある論理力が答弁側に欠如する。

森友学園問題の籠池泰典氏も「答える側がむちゃくちゃ」と述べる。まともな議論をしない。国民も多数が「議論は尽くされていない」とするが結果は強行採決だ。

森友学園問題で国有地を8億円も値引きしながら根拠を示さず、文書紛失と回答した財務局、首相の肝いりだった学園に「忖度《そんたく》」したとされるが、いまだ問題が不明瞭なのは籠池氏が証人喚問に応じ証拠提出したのに対し、政権側が何一つ説明責任を果たさないからだ。加計学園問題も、異例の優遇を説明できない文科省は「総理のご意向」と明記した文書をいまだ提出しない。

日本は自由と民主主義から遠ざかる一方だが、その名を頂く与党がそれを主導する。暴走を許すのは、政権隷属官僚や「忖度」と甘い表現を使う弱体化したメディアと国民だ。「平和」を唱えつつ与党に投票する。「野党が弱い」と批判するが、弱い野党にしているのは与党を勝たせる国民だ。安倍首相の持ち株会社ムサシがコンピューター集計を一手に握る不正選挙が暴露されつつあり、選挙結果が事実でない実態も指摘されている。その徹底追求も必要だ。

しかし、ヒトラーの「国民の自業自得だ。我々を選んだのは国民なのだから」との弁解を私たちは思い出すべきだ。安倍首相は支持率をネタに傲慢《ごうまん》な発言を野党に発し続ける。過去の戦争は軍部の暴走だけで起きたのではない、暴走を許した国民がいたから起きたのだ。

賛成する国民も対象に
——共謀罪の恐怖

（沖縄タイムス2017・6・13）

特別秘密保護法、安保関連法、集団的自衛権と自民党・公明党多数による悪法の可決が続いてきた。今、共謀罪も数の力で可決しようとする。自由やプライバシー侵害と国連報告官が警告、多くの人が市民運動を抑圧すると懸念するが、何ら危機感を抱かず賛成する人たちもいる。「共謀罪」は、国連で採択された「国際的な組織犯罪の防止に関する国際連合条約」批准に必要で、オリンピックでのテロ防止という政府説明を信じる人たちだ。オリンピックのテロ行為防止法律はすでにあり、さらに177カ国が批准する同条約に多くの国は共謀罪を創設せずに批准しており、日本が批准できていないのは共謀罪創設にこだわるからとの事実を政府は教えない。それだけで共謀罪が別目的を持つ法案であることがわかる。「デモもテロの一種」との元防衛大臣石破氏発言や「環境保護団体や人権保護団体を隠れみのに組織犯罪を企てた場合も処罰」との政府答弁がその目的を示す。答弁はまさに辺野古新基地反対運動を意識しており空恐ろしい。政権が環境保護や人権保護と相対する立場にいることを自ら国民に知らせた発言だ。

賛成者は「共謀罪で一般の人は対象とならない」との政府答弁も信じる。沖縄、福島で起こった事態を把握していないか、自身の支持党を信じたいかだろう。辺野古で鉄柵を切っただけで山城博治氏は半年も面会謝絶で勾留され、福島での反原発集会参加でレンタカー代を割り勘した人たちは道路運送法違反容疑で21日間拘留された。成立前でこれなら成立後は政府に反対する市民は一般人でないとされる可能性大だ。反対者を不当弾圧する姿勢は、賛同者を不当優遇し情報を隠蔽《いんぺい》する。森友学園や加計学園問題で現政権の恣《し》意的権力運用は明確だ。婦女暴行で訴えられた安倍首相の友達ジャーナリストは権力の介入で罪を問われない。「裁判所による審査が機能しており恣意的運用ができない仕組み」の金田勝年法相答弁は信用できない。日弁連も恣意的運用を警告する。

それでも共謀罪に賛成する人たちのナイーブさはもはや危険だ。自分たちは共謀罪対象外の一般人とし、市民運動参加者を過激な人たちとして密告社会に加担する可能性を持つ。戦前、善良な市民が軍の暴走に加担したように。が、ナチスが共産主義者、社会主義者、労働組合員を次々攻撃した時、自分は関係ないと言った人は「彼らが私を攻撃した時私のために声をあげる者は、誰一人残っていなかった」と後悔したのだ。

安倍内閣は言行不一致
――空虚な追悼あいさつに怒り

（沖縄タイムス２０１７・７・４）

慰霊の日の新聞は、各地の慰霊祭や沖縄戦の体験を語る人々の記事で覆われ、二度と戦争を起こさないと誓う人々の思いでいっぱいだった。体験者は「自由や人権は平和であるからこそ守られる」と語る。安倍晋三首相も平和祈念公園での戦没者追悼式に参列し「戦争の惨禍を繰り返してはならない」とあいさつし沖縄の基地負担軽減に「できることはすべて行う」と述べた。彼は、その前に「できること」として法務委員会採決省略という異例の方法で最短距離での共謀罪強行採決を済ませてきたばかりだった。その前には特別秘密保護法や集団的自衛権を強行採決してきた。９条改悪を狙ってきた彼は今、憲法で自衛隊について明示し９条を事実上無効にする方法をより安易に「できる」方法として提案している。

安倍首相は自由や人権を脅かしていると国連報告員が警告する日本のトップだ。神戸「正論」の懇話会に集まった財界人らは安倍首相を「経済力と防衛力で日本の存在を世界にアピールして」と応援するが、今、世界に、アピールされているのは被爆国でありながら核兵器削減に反対しテロとの戦いを宣言する米国追従の右傾化日本の存在だ。首相は福島の原発反対運動や沖縄の辺野古基地建設反対運動を警察力や司法を使い抑え込む政権のトップである。戦争準備としか思えない法律を十分な国会討議も行わず次々強行採決する自民党や公明党の多数党リーダーである。その彼は広島、長崎の戦没者追悼式で、沖縄の戦没者追悼式で、不戦を誓い平和を願い黙とうする。言行不一致の安倍首相の追悼式あいさつの虚無に怒りを覚えたという人は多い。

誰もが「戦争を二度と起こしてはならない」「平和が一番」と言う。憲法改正論は「平和を守るために」防衛だけでは不足と、世界第二の防衛力を持つ自衛隊の先制攻撃態勢を可能にするものだ。安倍首相同様、本音を美辞麗句で隠す人たちは、愛国心や中国脅威論を説き辺野古現場で警官の人権が脅かされていると訴える。しかし、真に平和を願いつつ自分が安倍首相と同様な行動を取っていることに気づかない人たちもいる。それは、共謀罪がテロ防止でＴＯＣ条約署名に不可欠という政府のうそにだまされたように政治家にだまされる人たちだ。それは、これまで支持してきたからというだけで信じ続けたい気持ちだけで、平和と逆行する法律を多数の力で可決し続ける党を支持し続ける人たちだ。そしてそれは、そのような人たちに遠慮して何も言えない私たちである。

都合の悪さ隠す表層政治
——安倍首相の「印象操作」

（琉球新報2017・7・12）

自民党が大敗した都議選で安倍首相の応援演説に「帰れコール」が起こった。首相は「演説を邪魔する行為を自民党は絶対しない」「こんな人たちに負ける訳にはいかない」と応じた。昭恵夫人はコールを「プロの妨害」としたフェイスブックに「いいね」を押した。この首相や夫人の反応は、最近の国内外の政治の特徴的問題を顕示する。

一つ目は「フェイクニュース」が代表する公の嘘だ。自民党の国会答弁中のヤジは多くセクハラヤジは問題にもなった。安倍首相は首相でありながら答弁者にヤジを飛ばす首相だ。それを知らなければ首相の「絶対」を信じる。イギリスではEU脱退派が嘘で国民を騙《だま》したことを勝利後に認め、米国大統領選ではヒラリー候補へのフェイクニュースがトランプ勝利を導いた。最近ニューヨーク・タイムズ紙は就任5カ月で114を数える大統領の嘘を挙げた。安倍政権が共謀罪で「嘘情報」を流し強行採決したのも最近だ。

二つ目は嘘を「オルタナティブ・ファクト」と呼び正当化する事象だ。トランプ陣営は過去最大の就任演説参加者との嘘を「オルタナティブ・ファクト」（もう一つの事実）とし、事実のように扱う。帰れコールを「プロの妨害」とすることも、自分に都合の悪い事実を都合よい「オルタナティブ・ファクト」に置き換える行為だ。その場にいない人たちは左翼政治活動家の妨害と信じかねない。

ネット情報社会ではネット上の嘘が事実として広まる危険があり、それを狙う人が横行し同調者が「いいね」を押す。辺野古基地の反対現場にいるのは「プロの左翼政治活動家」とする偽情報も同様だ。

三つ目はネットやＣＭの影響が強い社会の反映か、政治家が表層的、簡略的強調表現でアピールする。「印象操作」と野党を非難した首相は実は印象操作に長《た》ける。「絶対」しないと言い切り、森友や加計学園問題も「少しでも」関わったなら「責任を取る」「辞任する」と明言し、国民に「丁寧に」説明すると強調したが、行動はすべて逆だ。

四つ目は、自分に批判的な人たちを「こんな人たち」とし国民の範疇《はんちゅう》から除外する思考だ。ＣＮＮを暴力的に糾弾するトランプ大統領に似ている。原発や辺野古新基地反対運動に関わる市民は違法に暴力的に排除。森友学園問題で籠池泰典氏を異例優遇し問題化すると切り捨てたが、情報隠蔽《いんぺい》の官僚は昇進させた。加計学園問題で友人を異例優遇し、批判した官僚を辞めさせた。政権批判者は左翼とされ共謀罪で不当逮捕されかねない。

首相は内閣改造で支持率回復を狙うが、彼自身の問題は何一つ解決されていない。

反大国主義への覚醒
――人間愛豊かな小国主義を

（琉球新報２０１７・９・14）

９日琉球大学で「東アジア共同体・沖縄（琉球）研究会」設立１周年公開シンポジウムが開催された。鳩山由紀夫氏（元内閣総理大臣）の演題は「東アジア不戦共同体と沖縄」である。「東アジア共同体」とは何か。その問いに対する彼の答えはシンプルだ。不戦を約束する、対話による問題解決の意思を表す場だ。諸問題はあるにしろＥＵの価値は欧州で戦争をしない状況をつくったことではないか。彼の主張は理想主義に聞こえるかもしれない。しかし、それは現実を冷静に分析した上での理想主義だ。

逆に現実対応路線の安倍政権やメディアは冷静に現実を分析できているのか。北朝鮮や中国を脅威であり危機であると煽るが、そうなのか。米国との交渉力を高めるための核開発は北朝鮮にとって対等な対話を求める方策であり日本攻撃でないにもかかわらず、ミサイル迎撃を叫ぶ行為は自らの安全を脅かす敵対行為となる。

現政権はそれを口実に防衛費を増額し、石破氏は核武装さえ正当化した。日本は中国の軍事費急増に危機感を持つが経済成長ゆえであり、ＧＤＰ比では米国やロシアに比べかなり低い。

尖閣問題も日中長年の棚上げ問題を突然「日本の領土と主張しないなら東京都が買う」と米国で発言し野田元首相に国有化を迫った石原元東京都知事が発端だ。「武力で平和構築できない」（鳩山氏）は正論である。

世界の流れはグローバリズムからナショナリズムへと移りつつあるが、排他的ナショナリズムはぶつかり合うと戦争を生む。警戒すべきだ。沖縄におけるアイデンティティーの主張も琉球ナショナリズムではないか。その問いに「大国主義ナショナリズムに抵抗する形での辺境あるいは地域のナショナリズムは戦争に繋がるナショナリズムとは異なる」との台湾の林泉忠氏の答えは腑に落ちた。中国人姜克実教授は、中国はその歴史教育ゆえに尖閣問題について7割が「戦う」と答えるナショナリズムが浸透しており、そのような国との対話は困難だとの問題指摘をされた。「だからこそ、対話が必要なのだ」と鳩山氏は応える。反大国主義の勧めは覚醒的に感じた。

安保理常任理事国を目指す日本だが大国化願望の日本に対する東アジア諸国の目は厳しく、国際的にはアメリカ票を増やす行為にしか映っていないと鳩山氏は指摘する。大国主義は他国を支配する膨張主義と林泉忠先生は定義し、鳩山氏はその著書「脱大日本主義」で人間愛豊かな小国主義を勧める。北朝鮮ミサイル発射にヒステリックに反応する日本で今、現実分析の冷静さが求められている。

強者加担の弱者となるな
――政治への「怒」

（琉球新報2018・1・1）

北朝鮮に翻弄《ほんろう》された故か、2017年の世相を表す漢字1文字は「北」であった。政治に問題が多かったと2位は「政」、個人的には「怒」ではないかと思うが、政治への怒りは全国共有されているとは言い難く「怒」に至らない状況への「危」（危機感）が在る。

12年の第2次安倍内閣は17年第4次を結成し長期政権だ。その間に可決された法案は①特定秘密保護法（13年）②安全保障関連法案（15年）③労働者派遣法改正法案（15年）④国民年金法改正案（16年）⑤カジノ法案（16年）⑥共謀罪法（17年）で全て国民の半数以上が反対した法案である。

検証したい。①については、秘密指定される情報の規定が不明瞭。秘密指定情報は国会議員も見られないが米国は入手可能。②については、憲法違反の集団的自衛権行使を許し米国の戦争への加担を可能にした。③は、派遣労働者の劣悪労働条件を容認、生涯派遣や派遣切りを容易にした。④は、物価上昇に関係なく年金減額を可能にした。⑤は、不十分なギャンブル依存症対処、海外からの観光目玉とするも対象客は日本人。⑥は、実行されて処罰されるべき犯罪を未遂でも処罰可能にした。人権抑圧と批判される米国テロ対策の日本版だ。

将来の日本を左右する重要法案を十分な討議も無く多数の力で強行可決し続ける政権に感じる「怒」はカジノ法案や森友、加計学園に見る関係者との蜜月関係を政治利用する倫理観の欠如やトランプ大統領並みの嘘《うそ》発言で倍増した。

同時に「怒」が共有されない状況への「危」（危機感）も倍増した。

東京大学学生のアンケート調査結果は、安倍首相を「親しみやすい」とし支持率も高く、学識の高さが必ずしも問題把握力に繋がらないことを示す。若者の思考力や政治リテラシーの低さが懸念される。沖縄の米軍関連事故での加害者に加担し被害者を批判攻撃する状況も懸念事項だ。

米軍機からの落下物で子ども達《たち》の安全を心配する沖縄の保育園や小学校には「自作自演」と攻撃する電話が相次いだ。保育園の件で「誰かが屋根に放り投げた」と呆《あき》れたフェイク（嘘）も流れた。被害者をさらに傷つける弱者いじめの社会状況は「危」だ。米国の自国優先主義や移民排斥、日本の沖縄、福島差別など権力者の姿勢は社会に影響する。

自身も弱者であることを認識しない市民が権力者側に立って弱者いじめに加担する密告社会になりつつあるのではとの「危」は増す。それでも人を信じ「怒」に潜むエネルギーで２０１８年を「笑」に変えられると信じ頑張ろうと決意する。

名護市長選挙と政治的劣化
――主体的自治を見失う

名護市長選挙で稲嶺進氏が敗れた。「身の丈で生きる」を信条とし基地問題による市民の分断が悲しいとの離任挨拶《あいさつ》に人柄が表れていた。新基地反対の信念だけでなく市政の業績も高く評価できただけに名護市には大きな損失となった。職場があり選挙運動を身近に見た者として選挙について日本の問題として述べたい。

基地問題で政府と対峙《たいじ》を迫られる沖縄の選挙は国との代理戦争となる場合が多いが、辺野古問題渦中の名護市長選挙は特にそうであった。３カ月前から政府関係者が連日選挙事務所から会社に立ち寄るが数の多さに驚くと身内からの話であった。相手の人選遅れや先行との報道で切迫感乏しい稲嶺氏陣営に比べ政府の気迫は違った。政府介入主導の運動は個々人の思いで動く稲嶺氏陣営に比べ組織力、資金力、戦略で勝った。が、問題は多い。組織力は宗教団体と企業によるもので、信者による早々の戸別訪問や投票場への送迎、企業の場合は時に圧力と化し期日前投票の異常な数となった。宗教の政治介入や企業圧力は憲法違反や個人の自由侵害に触れる可能性がある。豊富な資金は政府支援の選挙でよく聞くが与党が選挙利用する国庫の正当性が疑問だ。

（琉球新報２０１８・２・28）

国政選挙も推して知るべし。政治的劣化と感じた戦略こそ問題である。争点隠しは現政府の常套《とう》手段だが、質問で争点が明確にならぬよう公開討論は拒否され続けた。安倍総理が国会質問にまともに答えずはぐらかし続けるやり方だ。議論せず公の場で投票者に判断材料を与えないが、SNS上では事実に反する攻撃や嘘《うそ》情報が大量に流され印象操作が行われた。安倍総理は言葉による印象操作に長《た》け、その政権下SNS上で政府批判者を激しく攻撃するネトウヨが出現した。朝日新聞や原発の福島、基地の沖縄攻撃がその例だ。選挙前の嘘情報拡散では英国のEU離脱投票や米国大統領選がある。政治的に意図的に行われる現状に政治の劣化がある。

基地を引き受けずとも再編交付金はある。稲嶺氏が交付金を拒否し経済が悪化、名護の人口増加は共産党員によるものなど根拠なき情報や攻撃による印象操作が若者中心に影響した。

上記の争点隠し、根拠なき攻撃、豊富な資金で共通するのは国との代理戦争だった知事選だ。大田県政による経済悪化の証拠もない中、平和より経済と若者中心の相手候補支持で大田氏が落選したが、一部企業は一時潤うものの市民生活向上はなかった。政府介入主導の選挙運動は政府介入主導の政治に繋《つな》がる。再び市民は確証なき経済名目で政府に屈し主体的自治と生活の安全を犠牲にする。

森友・加計問題、許されたのか

——討議しない安倍政権

（琉球新報2018・6・11）

国会中継を見る機会があった。質問に対する安倍晋三首相の質問に対する答弁が余りにひどい。質問に適切に答えず長々と不必要なことを並べ立てる。「明確に答弁している」「～は明確だ」と繰り返すが内容は不明確なのだ。不明確な内容を明確だと印象づけるには「明確」という言葉を多用すれば良いのかもしれない。印象操作に長《た》ける。

イエス、ノー質問にさえ修飾語を多用し長々と話すので肯定か否定かさえはっきりしない。論理的に不明確な点をより明確にと要求されると「先ほど答弁した」と全く同じ内容を繰り返すため、聞かされる方はばかにされている気がしてくる。

さらに、調査すればわかることを「調査中」として答えない。都合の悪い質問には「仮定の質問には答えられない」とする（この決まり文句は、ある市長選挙の政府側支援の陣営でも多用された）。国会中継を見続けるには怒りを抑える忍耐力が必要だ。見る側でもそうなのだから質問をする側はいかばかりかと思う。

討議でやってはいけない基本は論点そらしだ。話し合っていることから注意をそらすために関係のない話を取り上げるなどは許されない。主張は理由と証拠によって支えられ端的で明確であるべきだ。

首相答弁は、論点が逸《そ》れ、証拠に欠け、不必要に長く不明確である。質問内容は、森友・加計学園問題、自衛隊の日報紛失問題、国会提出のデータおよび公文書の偽造問題、公文書紛失の嘘などについてである。一つでも過去に例のない大問題だが、そのような大問題が続出しており問題解明は正常な国会運営のためにも急務とされる。

しかし、質問に対する答弁が全て上記レベルである。日本の討議レベルがいかに低いかを示し、国のレベルを判断されることとなるため海外の人には恥ずかしくて見せられないほどの内容だ。先進国とは勘違いであり、今や民主主義や行政が正常に機能しない発展途上国に成り下がったことを具体例として示す。

希望の党の森裕子議員はこの状況を「国会は死んだ」と表現する。危機的状況だが国民の反応はどうか。北朝鮮と韓国の画期的首脳会談より元ジャニーズのセクハラ問題がニューストップになる国だ。未解決にもかかわらず、今や森友・加計学園問題は放映されず日大問題に明け暮れている。

これは、すぐに飽きる国民に準じたものか、それともメディアの意図するものか。国会追及も曖昧なまま政権はまたも外交に論点をそらし暴走を続けるのか。いずれにしろ討議しない政権の責任を取らされるのは国民だ。

オリバー・ストーン氏に学ぶ
――沖縄独自の主張、発信

（琉球新報２０１８・８・24）

東京で通訳の手伝いでオリバー・ストーン監督とピーター・カズニック氏の対談の末席を汚したのは、翁長雄志知事告別式の日であった。

オリバー・ストーン監督については内田樹《たつる》氏が「日本の覚醒のために」の中で、彼の次のコメントに言及している。

「日本には素晴らしい文化がある。けれども日本の政治には見るべきものが何もない。日本人は実に多くのものを世界にもたらしたけれども、政治的にはいかなる貢献も果たしたことがない。日本の総理大臣の中で、世界がどうあるべきかについて何事かを語った人はいない。一人もいない。いかなる大義を掲げたこともない。日本は政治的には単なる米国の属国であり衛星国である」

そのオリバー・ストーン監督との対談をキャンセルし、告別式のため沖縄に飛んだ鳩山由紀夫元首相は「アジアの会議で『日本人に意見を聞く必要はない。どうせ米国と同じだから』との発言があった」とかつて講演で述べている。

国際舞台において、独自の政治的メッセージを発したことのない米国の属国、日本。今や西欧、アジアを問わず世界に共通する認識だ。国民一人一人がどのように活躍しようとも、国の評価は往々にして国を代表する政治家で決まる。インドのガンジーやネルー、南アフリカのマンデラなど世界的には尊敬される政治家がいる。翁長知事の訃報に東京の友人は、尊敬されるべき沖縄の政治家だと評し「政治社会的に厳しい環境から優れた政治家は生まれる」と話した。

米軍占領下沖縄の厳しい政治社会状況が生んだ優れた政治家としては、故・瀬長亀次郎氏や故・屋良朝苗氏が挙げられる。政治家として優れたところは、強者に従属せず独自の信念を持って行動することだ。翁長知事は「イデオロギーよりアイデンティティー」と強者日本政府に堂々と知事としての意見を述べ、安倍晋三首相と対峙《たいじ》した。瀬長氏は強者米軍を相手に堂々と住民の意見を代弁し、権力に抵抗した。屋良氏は復帰を求めつつも「本土にあるものは何から何まで右へならえでは正しくありません」と主体性を主張し、教公二法に反対した。沖縄独自の政治社会環境ゆえの主張だ。

彼らの共通点は、ストーン監督の言葉によれば「沖縄、日本（世界）がどうあるべきかについて語り、大義を掲げ、独自のメッセージを発し、政治的に単なる属国であることを拒んだ」ことだ。翁長知事の後を継ぐのは、米国従属日本政府に対し沖縄独自のメッセージを発し、強者に対峙できる政治家か、米国従属日本政府に従属する政治家か。

Ⅳ章　新聞各紙への投稿・書評

ファシズムの台頭を恐れる

（沖縄タイムス　1995）

教育基本法改正案（正しくは改悪案）が、自民、公明の与党単独で衆院特別委で可決され、今国会成立の見通しとのニュースにがくぜんとした。一人五千円を払い、やらせ質問や発言をさせたタウンミーティングの問題も棚上げし、力で押し切る政治家たちに、こんな政治家たちを選んでいる日本という国への絶望感さえこみ上げてくる。

教育システムのトップで権力者として教育行政を行ってきた者としての反省はなく、さまざまな教育問題を学校や教員だけに責任を問う政治家とそれに同調する人々——大きな権力には巻かれ、小さな権力には反発する、あるいは互いを監視するという風潮が最近強くなってきた感じだ。

死の床から辺見庸は「恥無き国の恥無き時代に人間であり続けることは可能か？」と問う。安倍首相の次の目標である憲法改悪とその後を考える時、この恥無き時代のファシズムに真っ先に利用されるのは、補助金と引き換えに基地を容認する沖縄であることは確かだ。

弱者切り捨て政治を改めよ

（沖縄タイムス　1995）

国を捨てて脱北者が流れ着いたが、最近の日本の政治には脱国したいほどの嫌気が差している。その一つが、小泉政権から安倍政権へと加速を増す弱者切り捨ての政治である。今回の年金問題にしても、年金を払っていたという立証責任を期限付きで国民に証明させるという法律で片を付け、政治の失敗のつけを弱者である国民に押し付けて解決しようとする。

一方で強者である政治家は天下りや献金で太り、多数決という数の力で論議も尽くさず意のままに法律を作り続ける。そのような国のトップの姿勢は県や市のトップにも伝染するようで、市は条例で空き缶抜き取りを禁止する方向にあるようだ。その理由が「ごみを散らかす」という声があるからだという。

早朝から、捨てた缶をきれいに集めていく人に感心していた私からすれば、ごみを散らかすような抜き取りをする人も一部だし、ごみを散らかすと苦情を言う人も一部である。また、そのような苦情を言える人は空き缶拾いをしなければ生計が立てられない弱者から見れば、強者である。

「思考停止」への疑問

（琉球新報　１９９６・７・28）

「小林よしのり」の漫画は論理性を軽視している。深く思考することなく「ゴーマニズム」で切り捨て、読む若者の「思考停止」を誘うものと以前から懸念していた。

慰安婦問題では、泣いているチョゴリ姿の女性に寄りそう人々を「何の証拠もないのに、すぐに同情する偽善者」と切り捨てる。自身は戦場の経験も逃げまどった経験もないのに、また「慰安婦は存在しなかった」という証拠もあげきれていないにも関わらず、身を切られる思いで発言する人をうそつき呼ばわりし、耳を傾ける人々を偽善者と切り捨てる。傲慢《ごうまん》ぶりには論理性がなく、感情の発露しかない。

「集団自決の軍命」という戦場における支配構造の有無を問う論題に、一部の自決を選ぶ人々の「個人の尊厳」を「軍命はなかった」という反論の中にもちだすことこそ、一部を主張して全体をくつがえす論理のすり替えである。

軍命を証言する戦場の話に「被害者ぶるな」という論は、乱暴で感情的である。詐欺の被害者に反省を要求して被害者ぶりを批判し、結果的に詐欺をした人を弁護するやり方と同じと感じる。

憧れの憲法は今また遠のく

（朝日新聞　２００２）

有事法制に一番敏感に反応しているのは、いや、すべきなのは沖縄の私たちなのではないか。太平洋戦争で唯一地上戦を体験した沖縄の人々が身をもって学んだことは「軍隊は市民を守るものではない」ということだった。軍隊に市民は守られたのではなく、逆に犠牲にされた。そして戦後、米軍は強制的に土地を接収し基地にした。米兵による婦女暴行や殺人などの犯罪も治外法権下で無罪となるという米軍施政に苦しんだ人々が憧れたのが、戦争放棄や基本的人権の尊重をうたう日本国憲法だ。平和憲法はまさに祖国復帰の象徴だった。だが、復帰は核付き、基地付き、自衛隊付きだった。

その後も米軍ありきで進められ、アメとムチ政策で基地を容認せざるを得ない状況に追い込まれ、そして今、有事法制である。有事の定義もあいまいなまま、国民の義務のみ具体的だ。この立法を喜ぶのは在日米軍であり、有事を決めるのは米政府であり、犠牲になるのは一般市民であるのは、これまでの対米政策から明らかだ。

憧れの平和憲法はますます遠ざかり、日本政府への失望は深まるばかりだ。

沖縄の品格と「国家の品格」

（沖縄タイムス　２００４）

久々に出た品格のある一冊「国家の品格」を読んだ。

藤原氏は、品格のある国家としての条件に①自らの意志に従って行動できる独立国②高い道徳③美しい田園——などを挙げる。経済力ではアメリカに及ばないものの、「金銭よりも精神性を尊ぶ風土」を持つイギリスに国家としての品格を感じるという。「美しい田園が保たれているということは、金銭主義に侵されていない美しい情緒がその国に存在する証拠」だとも言う。

さて、今の沖縄はどうだろうか。美しい海や緑豊かな山々よりも今手に入る現金に目がくらんではいないか。北部振興という名の下、建設業者を中心にさらなる開発が進んだとき、ヤンバルの魅力は失われ、自立経済の主力である観光経済は揺らいでいく。基地と引き換えの現金に、自立した自治体としての独自の意思をさらに失っていくということにもっと危機感を持つべきだろう。

アメリカに言いなりの品格を失った日本政府に翻弄される沖縄が、同様に品格を失っていく危機に陥っている。

論理を替える政治家に怒り

（２００４）

入学式、卒業式での国旗、国歌の強制を違憲とした東京地裁の判決に、石原慎太郎都知事は「(生徒は) 先生の言うことを聞かない。規律を取り戻すため、一つの手だてが国旗、国歌への敬意だと思う」と言う。

最近、政治家がこの手の「論理のすり替え」をすることが多い。本筋からそれた部分での問題を、あたかも本筋が原因で引き起こされているかのように批判し、その解決のためと称して本筋を変えようとする。これには腹が立つと同時に危機感を募らせている。

かつて小泉純一郎首相がイラクで大量破壊兵器が見つからなかった事に対し、「見つからなかったからといって無いということにはならない」と、人をばかにしたような論理を平気で展開していた。

小泉首相の思慮不足な軽口を「わかりやすい」と言い、石原都知事の強行意見を「頼もしい」と思う国民が増えているのか。だとすれば教職員を物言わぬ公僕にし、教育によって政治家の思いどおりの国民をつくろうとする思想教育はすでに半分以上成功しているといえる。

世論の性急さ　疑問と危機感

（沖縄タイムス　2008・5・4）

共同通信社の調査によると内閣支持率が20％に急落したという。民主党幹事長・小沢一郎氏の検察審査会の「起訴相当」議決や普天間移設問題の難航が影響しているのだろう。

しかしながら、民主党支持者ではないわたしでも疑問に思い危機感を感じるのは、誕生まもない新政権にこの段階で「ノー」を突きつける国民の性急さだ。小沢氏を弁護するわけではないが、それでも4月30日付本欄で林清見氏が述べたように検察審査会の議決に作為を感じ、政権樹立直後から開始された異例の検察力による「政治とカネの問題」追及にかつての与党の作為を感じてきた。

鳩山由紀夫首相の「指導力不足」も批判されるが、では首相にふさわしいとされる新党改革・舛添要一氏はアメリカに毅然《きぜん》と発言できるのか、弱者の立場に立てる人物なのか。わたしは、「仕分け」による天下り問題の解決努力、密約公開、「コンクリートから人へ」の政策転換を評価している。普天間問題も県外・国外への県民の声に耳を傾け腰を据えて取り組んでほしい。国民がマスコミ先導のイメージだけで揺れ動くと日本の政治は混迷の度を深めるだけだと憂う。

政敵つぶしの攻撃に注意を

（沖縄タイムス　２０１０・１・11）

政敵をつぶすため、権力を保持するため、狙った相手の身辺を徹底調査し弱点を見つけ攻撃する。無論、同じかそれ以上の弱点を持つ自身の党の者には害が及ばぬように。マレーシア副首相だったアンワルが、次期首相として有能さがタイム誌でたたえられた数日後に同性愛疑惑で逮捕された。夫人と支持者の無実を訴える運動にもかかわらず投獄され、やっと出獄してきた時にはその政治力は失われていた。後にマハティール首相の権力保持のための陰謀たったことが判明する。

こちらは無実とは言えないが、国会で与党を過激に追及しすぎた辻元清美議員は、事務所資金管理問題で辞職に追い込まれた。小沢一郎氏が次期日本のリーダーとしてタイム誌に取り挙げられた数日後、政治献金疑惑が浮上し彼は首相候補から脱落した。

鳩山由紀夫氏が首相となるや出現したのは偽装献金問題である。正当化するつもりはない。しかし、日本丸が沈没しかかっている様相の今、どちらがよりかじ取りに懸命なのか、どちらがより党利党略で動いているのかを賢い国民なら見るはずである。

政局論議優先　自民党に怒り

（沖縄タイムス　２０１０・12・27）

民主党政権誕生以来私が抱いてきた危機感は、公約を覆す民主党政権への怒りはもちろんだが、それよりも、終始、政策より政局論議ばかりで政権倒しのみを考えている野党自民党への怒りへと結び付いている。

総務相の片山善博氏がその著書の中で「大臣就任早々大変だったのはこれまで批判してきた政策を引き継がねばならなかったことだった」と述懐しているそうだが、過去の自民党による政策を実施せざるを得ない状況も現実問題としてある。

そのような中、これまでも現在も、自民党が一貫して力を注いでいることは、小沢一郎氏喚問や仙谷由人氏離任要求にも見られるように、国民にとって差し迫って大切な議題の論議より政権打倒の戦略である。

日本経済がますます悪化する中、過去の政権担当としての責任や国民の明日を考慮するよりも党利党略優先の一大野党の動きに、結局は政界や国民が揺り動かされ続けていることは国民にとって不幸なことと憂う。揺らぐ民主党への支持率低下は理解できるが、反動として自民党支持率が上がるという状況は理解できない。

悪法で正当化狙った教育長

（2011）

哲学者ソクラテスは「悪法も法なり」と法を順守して死んだ。彼の言葉が法順守の大切さを説くものとされることに以前から疑問だった。彼は悪法を作るに至らしめた自分たちの責任を問うたのでは？　いずれにしろ悪法も法と従うか、悪法は悪法として闘うか、私なら後者だ。時の権力者は自分の意のままに世の中を動かしたいとき、多数の意見を無視してでも自分の意が通るような状況づくり（法制定）をするからである。状況が出来上がれば「法に従え」で済む。

育鵬社教科書採択を主張する玉津・崎原両教育長は協議会答申に従わない竹富だけ県は指導すべきだと県の違法性を問うが、協議会での選定方法の強行変更、教科書を読んだこともないメンバーのいる中での「結論ありき」の協議会内容、専門家かつ教育者である教師が推薦しない教科書をあえて採択した経緯や理由の説明責任の不在は問わない。不当な手段を駆使しても意を通すための状況づくりにたける政治家は多いが、それはできあがった状況（法）で正当化できると思うからだ。

平和への寄与　公明党は本当か

（沖縄タイムス　２０１５）

安保法案が衆院特別委員会で強行採決された。国民の６割が反対し、国会前に10万人が集結し抗議の声が日を追って高まる中、自民、公明両党の賛成により可決された。

周りでは日々両党への怒りの声を耳にするが、公明党への怒りは自民党より強い。なぜか？それは公明党が創価学会という宗教団体を選挙母体とし、常日頃平和を標榜しているからだ。先生と学会員があがめるリーダーは各国を訪問し平和を説く。安倍首相の発言と実際の行動とのギャップが批判されているが公明党もその批判を免れまい。

ある米国の学者が「公明党は明らかに宗教団体による政治参加であり、憲法違反であるのに誰一人それを批判しない日本のおかしさ」を指摘した。外部からだけでなく、革新側から自民党側への転換にも内部からの批判もなかった。

これでは自らの行動を反省する機会はほとんど持てない。この党が本当に平和へ寄与しているのか、理論と実践は一致しているのか、支持者は今こそ、冷静に自分自身の頭で考えるべき時に来ているのではないだろうか。

立場を示さぬ候補者に疑問

（沖縄タイムス　２０１６・５・19）

４日の本紙に県議選立候補予定者の主要政策についてのアンケート結果が出た。政治家を選ぶ基準は何か？

政治家の考え方で県や国の政策が決定される。政治家がどのような意見や政策を持っているかが判断基準となる。

アンケート結果で驚いたことは、主要政策課題について△印＝どちらとも言えない、を選択したり、無回答とする立候補予定者がいることだ。県政評価、辺野古問題、オスプレイ、自衛隊先島配備、カジノ、ＴＰＰ、消費税、どれも重要な政策課題だ。

それらに対し立候補補段階においてすら意見を明確にできない、しない人を私たちはどう判断したらよいのか。重要課題について意見を曖昧にする人に県政を任せられるのか。意見には責任が伴う。

選挙時は県民が支持するような意見を公約とし当選後に翻し、そのことに責任を感じない政治家を私たちは過去に選出してきた。欺瞞《ぎまん》的な政治家を見分ける力が必要だが、意見を曖昧にする政治家は意見に伴う責任を最初から放棄していないか？

基地巡るうそ　だまされない

（沖縄タイムス　２０１６・６・27）

思わず目を疑う表現がちまたにあふれる。宗教団体のポスター、ネット上のコメント、書店での本のタイトルだったりする。いわく翁長雄志知事は「中国のスパイ」「沖縄を中国の領土にしようとしている」。正直、あまりの低俗性に反論する気もしない。しかし、フェイクニュース（うそ）を組織的に堂々と流し国民をだましたトランプ陣営の極右バノン氏率いるインターネット・メディア「ブライトバート・ニュース」は、大統領選結果に大きな影響を及ぼした。「ヒラリー氏はパーキンソン病」「児童買春に関わっている」等のうそを信じた。

だまされるアメリカ人を笑う日本だが、すでに「共謀罪」で安倍政権にだまされている。「誰も住まない普天間にできた基地の周りに沖縄の人たちが集まった」。ＮＨＫ元経営委員百田尚樹氏の沖縄への無知をさらけ出し、基地被害を沖縄に責任転嫁するうそに、今も影響される人がいる。自分もだまされぬよう自戒しつつ、だましを狙う人が流すばからしいうそにいちいち反論すべきか、文明の退化さえ感じ憂鬱な昨今だ。

効果的な闘い模索を

（琉球新報　2016・12・31）

高江、辺野古を守るため政府と闘い続ける県民の決意は22日の名護市での抗議集会でも示された。米軍北部訓練場返還式典不参加の知事の思いを共有する県民の、知事を支える意思はより強まった。

奪った土地を利用し尽くして返し、新たに土地を奪い破壊する行為を「返還」とし「喜べ」と言う。新施設による負担や危険性が高まる中で「負担軽減」「危険性除去」とする論理は高江も辺野古も同じだ。

知事の「うちな～んちゅ、うせーてぃないびらんどー」の叫びは、子どもだましの論理を押し付ける日米政府への県民の心だ。想定内の最高裁決定はその県民の決意に影響ないが、効果的な闘い方は模索されるべきだ。

桜井国俊氏は「判決に従う」証言は国地方係争処理委員会決定により無効化、知事は承認取り消しの「取り消し」をせず国に代執行訴訟をさせ、短期間での工事強行を防ぐべきとする。

現地で抗議する人々は知事の行動に支えられ、知事はその人々に支えられている。互いの闘いを助け合う戦略が今後、模索されるべきだ。

実は危うい現実論

（琉球新報　２０１７・７・29）

討議において理想論に現実論が勝つ傾向がある。理想論は現実を知らぬ者の意見として扱われ、現実論は大人の意見として説得力で勝る印象を与えたりする。が、実は現実論は弱く危うく、現実に妥協しない理想論は意外に強い。想定済みであったが、稲田朋美前防衛大臣が辺野古新基地建設後も普天間飛行場が返還されない可能性に言及した。県内では、普天間返還を求めつつ新基地に反対する意見は理想論で、基地を引き受ける場所が無い以上、普天間返還のため新基地建設はやむを得ないとの意見は現実論であるかのように討議されてきた感がある。稲田前大臣発言は現実に妥協する現実論の危うさを露呈した。

人間が作る現実への妥協によってさらなる妥協を余儀なくされる現実論の弱さが露呈された。逆に理想論と批判されがちな、普天間返還は沖縄の基地負担軽減が目的で新基地はその代替でないとの現実の政治に妥協しない論は、現実論より強いものであることが示されたと考える。

けんか両成敗　時には不正義

（沖縄タイムス　２０１７・９・９）

白人至上主義と反対派の衝突事件を「両陣営に責任がある」としたトランプ大統領への反発が止まらない。非難するデモ行進や政権内からの抗議の辞任が相次いでいる。

けんか両成敗は時に正しい。しかし、不正義が行われている場において両方の側に立つ行為は公平のようにみえて、実は不正義を行う側を支援している。強者と弱者、あるいは加害者と被害者の対立において、両方の側に立つ行為は公平にみえて実は弾圧する側を支援している。

両方が悪いとしたトランプ大統領は平等、公平を支持しているのではなく実は白人至上主義を支持している。それが分かるからこそのトランプ離れである。

トランプ的行為や発言は身近に見聞する。基地被害だけを取り上げ良さを宣伝しない、犯罪を犯す米兵だけを取り上げ良い米兵を取り上げない、警官だけでなく反対派も暴力的、反対市民の人権でなく取り締まる警官の人権が損なわれている——等の批判は平等や公平を求めているわけではない。

対米隷属終始恥ずべき外交

（沖縄タイムス　2017・12・21）

安倍晋三首相とトランプ次期米国大統領の会談を、他国より先駆けて成立、友好的に終了と、お手柄のごとく国内各メディアは報じた。

その問題意識の欠如、問題無視の姿勢には驚く。クリントン有利として先駆け会談をしたが、トランプとなると手の裏を返してはせ参じる。トランプ発言で人種差別犯罪が増加、選挙結果への抗議行動も広がる中、高級ゴルフ用具持参で自宅訪問のご機嫌うかがいを軽率な屈辱的行為とする日本のメディアは（知る限り）皆無だ。

「指導者が誰であれ日本は米国の隷属国家であり続ける」と世界に公言するような会談であることは、トランプ氏が首相の自衛隊派遣（集団的自衛権）発言を喜んだ内容からもわかる。

そのような日本の外交を恥ずかしいと憤った国民はどれくらいいたのか？　孫崎享氏の「戦後史の正体」や白井聡氏の「永続敗戦論」など、米国隷属国家日本の問題が指摘され続けているが、問題と向き合う勇気のないメディアがその報道を疑問視しない日本人を増産している。

政権のつけ国民に

（2018・1・14）

安倍政権は、森友、加計学園問題が象徴するように権力を個人の利に行使してはばからない。「忖度《そんたく》」の言葉が示すように、圧力を避け自己利益や自己保身から官僚やメディアが最初から彼におもねる状況が今や作られた。

しかし、その権力は安倍氏個人が最初から持っていた訳ではなく有権者が忖度したものだ。安倍政権に政治を任せる限り、問題法案強行採決国会や政権追従官僚の政界だけでなく、テレビ、新聞のメディアや司法のあらゆる場で権力をわが意を通すために利用する。それが今起こっている。

彼に権力を授け行使させているのは国民であり被害を被っているのも国民だ。それでありながら、権力に国民は従わねばならない、国家権力は強いから仕方ないと諦める人々がいる。

原因と結果は国民が作っており、その権力を失わせる力も国民に在るというのに。国民が権力者の実態に鈍感ならだまし続けることができる。それを安倍氏は（どうせ）「国民はすぐ忘れる」とやゆする。

基地の交付金は自立阻害する

（琉球新報）

ウーマンラッシュアワーの漫才が痛快だ。鋭い政治批判をし笑いを取る。物事の本質をつかむ的確さと弱者に味方する姿勢に感動する。が、ネトウヨから攻撃を受けメディアで放送カットもあるようだ。テレビ番組で村本大輔氏が「沖縄問題を皆に知らせたい」と述べたら司会が叫んだ。「でも、沖縄はお金をもらっているんですよ！」。彼は黙った。

「沖縄は基地被害を言い立ててお金をせびる。お金をもらっているんだから文句言うな」という よく聞く論だ。しかし、そのような論者に「交付金あげるから基地引き受けて」とお願いしても返事はノーなのだ。

沖縄に交付金をもらって使うべきだと言う人たちがいる。政府に抵抗しても無駄だから金だけでも……との考えか。が、交付金は使途が限定され使い勝手が悪い上に自立経済を阻害する。さらに、騒音、レイプ、墜落のたびに言われるだろう、「お金をもらっているんだから文句を言うな」。その時、われわれ沖縄人は黙るしかないのだろうか？

新基地が招く分断避けよう

（2018・3・12）

名護市長選挙は辺野古新基地推進の現政権の支援候補が勝利した。離職あいさつで稲嶺前市長は基地問題による市民の分断が悲しいと述べたが、基地問題による人々の分断は歴史的なものであることをある女性の手紙から知った。

1950年代基地建設のための土地接収が本格化するが、55年の伊佐浜闘争は熾烈であった。米軍の銃剣とブルドーザーによる強制接収で美田の土地を追われた女性は、移住を余儀なくされたブラジルへと向かう船上で政府に宛て手紙を書いた。

「同じ沖縄の人間でありながら1日や2日にわずか500円や千円の金に釣りこまれ伊佐浜の団結を切り崩しに来た人々の仕打ちは一生忘れません。またもわが沖縄にそういうような人間を出さぬ様、住民で注意を与えてもらいたいことを希望するものであります」

願いむなしく基地問題による沖縄の分断は今に続く。「3度叫ぶ、一切の利己心を捨てよ」。瀬長亀次郎の言葉も今に残る。

「異常」は安倍政権で起きている

（朝日新聞　2018・3・24）

「前代未聞の事態」「仰天するようなこと」「異常なこと」。ニュースや新聞で見た政治評論家たちの表現だ。昨年2月に発覚した森友学園への国有地大幅値引きが、公文書改ざんに至るまでの問題となっている。

政府が今国会の最重要法案とした働き方改革関連法案でも、裁量労働制のデータの不適切な利用で国会が紛糾した。さらに、「安倍チルドレン」と呼ばれる自民党議員からの照会を受けた文部科学省が、前川喜平・前次官の中学校での講演を調査したことも問題となっている。

なぜ前代未聞の異常事態が続くのか。官僚の政治家への「忖度」を根源とする見方があるが、それは問題の矮小《わいしょう》化だ。官僚が自ら出過ぎたことを忖度して行う必要はない。忖度した行動を取らざるを得ない圧力や抵抗できない空気が存在していることが問題の根源だと思う。

文科省の調査はそれを明確にした。この異常が安倍政権下で起こっている事実をまず認識すべきだ。組織ではトップの考えや姿勢、行動が多大な影響を及ぼす。最高権力者だからだ。昨年の総選挙では、北朝鮮の核問題を「国難」と叫び、与党が勝利したが、現状こそ国難だ。

選挙最優先の姿勢こそ問題

（沖縄タイムス　２０１８・８・24）

翁長雄志知事の県民葬の日程について、自民党、公明党が県民葬を政争の具にしないよう選挙後の設定を要求しているという。それは逆に両党が県民葬を政争の具として捉えていることを示しているといえる。県民葬について県の実施基準は開催時期を原則49日以内としているにもかかわらず、あえて選挙後への延期を要求することは、県民葬を政争の具としか捉えていない姿勢ではないか。

米軍属によるうるま市女性殺害事件の際も、自民党、公明党は、基地反対を掲げる党に対し、事件を政争の具とすべきでないと主張した。しかし、基地に反対する理由の一つに基地あるが故の事件・事故があり、基地反対を掲げてきた党がその事件によって反対の声を高めることは、政争の具どころか政治の場において当然であった。

「政争」の争点を討議するどころか隠し通す昨今の選挙の在り方や、いかにすれば選挙に勝利できるかのみを考える選挙最優先主義の政治家の姿勢こそ問題だ。

（沖縄タイムス　２０１８・６）

【書評】強者の論理に識者抗議
――乗松聡子 編著『沖縄は孤立していない』

沖縄を客観的に見る視点は必要だ。本書の論者はそれを可能にするだけでなく、その共感を超えた沖縄への思いや共闘は私たちの進むべき道をも示す。読者は政治的、軍事戦略的枠組みから客観的に沖縄を捉えつつ、沖縄の心や苦悩を個のものとして内在化する。

本書は、米国のアジアの基地としての役割を強いられながら、暴力そのものの基地にあらがい平和を希求する沖縄への世界の識者からのエールだ。土地を奪い、人権や自治権、環境や安全を脅かす強者の論理に対する識者の抗議である。彼らは歴史学者、人類学者、海洋生物学者、映画監督、作家、元国防総省職員、市民活動家であり、専門分野の知見からのエールは沖縄を通して、スコットランド、カタルーニャ、ハワイ、グアム、パレスチナ、チャゴス諸島、韓国、台湾など強者の不正義に苦しむすべての人に送られる。

沖縄問題は日本、米国の問題であり世界の問題だ。占領下沖縄において明白であった米国の植民地支配は日本という国家の介在によって不明瞭となった。米国と日本の二重の支配構造は問題の本質を見えにくくし、弱者でありながら強者に加担する人々を生み出している。随所に光る識者の見識は、沖縄問題の本質を再認識させ、「米国の基地帝国の本質を明確にする」（ジョン・ダワー）「沖縄自身の解放を助け世界の国々を鼓舞する」（ノーム・チョムスキー）など沖縄の反基地が果たす役割や核不拡散を阻む米国の先制不使用拒否（「ペンタゴン文書」のダニエル・エルズバーグ）の事実を教える。

40人の著名海外識者から連帯の声を集め「沖縄は孤立していない」と伝える乗松聡子氏は言う。「基地という戦争装置を置くということに対し疲れている沖縄の人々に何度も何度も民意を表明させ続けるということ自体が不正義ではないか。人権侵害の被害者にその侵害行為がいけないということを何度も聞く必要はないのだ」。ポピュリズムの時代だ。が、尊重される多数決や中立が正義であるとは限らない。正義への責任を果たす人の勇気と強さがここに在る。

【書評】あるべき未来への提言
――安斎育郎 他 著『核兵器禁止条約を使いこなす』

（沖縄タイムス　2018・9・29）

2017年7月7日核兵器の保有、威嚇、使用を違法とする「核兵器禁止条約」が国連会議で採択された。国際的NGO連合体ICANのノーベル平和賞受賞は知られているが、条約採択への尽力が評価された故であることはあまり知られていない。タイトル「使いこなす」の表現に託されたように、本書は、市民の力によって獲得した条約を生かすため私たちが何をすべきかを、論考（第一部）と鼎談（第二部）を通して考察、提言するものだ。条約成立の経緯や意義だけではなく核兵器を巡る世界情勢の過去や現在について多くを学び、私たちの取るべき道、あるべき未来をつかむことができる。

7回の核廃絶の機会が失敗に終わった背景を知ることは、核廃絶を阻むものの正体を知ることであり、世界を動かす大国の実態を把握し世界情勢を的確に分析することにつながる。核抑止力の七つの問題点を知ることは、根強い核抑止論者を核無き世界実現の仲間に加える力を得る。北朝鮮問題においては、日米軍事一体化による抑止力強化の危険性や朝鮮半島和解に向けて進む世界情勢のなか非核化失敗を願うかのような日本の風潮は、アジアの平和構築に逆行するものでしかないことを学ぶ。オリバー・ストーンは「日本は世界で政治的にいかなる貢献も果たしたことが無い」と述べて日本は単なる米国の属国と批判したが、日本は世界に貢献しないどころか世界の平和構築を阻んできたことを私たちは知るべきだ。

ＮＨＫドキュメンタリー「沖縄と核」は、キューバ危機で沖縄から核兵器が発射される寸前だった、１３００発もの核兵器が貯蔵されていた、現・那覇空港での核兵器搭載ミサイル誤射で沖縄が消滅寸前であったなど、沖縄に住む私たちには知らされなかった事実の数々を暴露した。情報隠蔽は現在も続く。地雷禁止のオタワ条約を例に本書が説く禁止先行型アプローチの有効性に核兵器禁止条約への希望を見つつ、何より条約が「核兵器の使用は国際人道法の原則と規定に反している」と明言したことにその意義を見る。

跋文　平敷武蕉

与那覇恵子氏が待望の論壇集を発刊した。氏は十年ほど前から沖縄の二つの新聞の論壇への投稿を続けている。その回数は、自ら《「日記代わりか」と揶揄したくなるほど》であり、氏の名前は論壇愛読者には広く知れ渡っていて、氏の投稿を心待ちするファンも少なくないわけで、いつか論壇集が一冊の本になることが待ち望まれていたのである。

与那覇氏の論考の魅力は、なんといっても、論旨明快な論理展開と切れ味鋭い切り口にある。しっかりした現状把握とまっとうな歴史認識が氏の立ち位置を支えている。氏は物事へのあいまいな態度をとらない。自分の立場を臆せず明確に表明し、そこから批評の矢を放つ。最新の論考は二〇一九年二月四日の琉球新報の論壇である。「討議しない若者――『どちらでもない』は必要か」の見出しがついている。去る二月二四日に実施された県民投票への論評である。与那覇氏は、二択が三択になったことについて、《選択肢増は争点隠しの延長上にある》と指摘し、《「どちらでもない」は自分で考え結論を出す行為をしないで済む安易な姿勢となりかねない。何より、意見を出しての討議を生業とする政治家が住民の意見表明の機会を奪う民主主義違反が「歩み寄り」という妥協で許されたという事実が、日本の未来に落とす影は暗く大きい》と主張する。三択導入によって全県投票が実施され、その功績者を讃える声が飛び交うなかで、この指摘は鋭く、極だっている。私などは、県政与党や「辺野古」県民投票の会が争点隠しに手を貸し、窮地にある五名の保守系市長を助けたと思っていただけに、痛く共感したことである。

「どちらでもない」と中立であるかのように装って不正を見逃すことに加担する者を告発する氏の姿勢は、メディアの在り方に対してもはっきりしている。沖縄の2紙に対し、「偏向新聞」「つぶしてしまえ」と放言する政治家や作家に対し、《メディアは「反権力、反暴力、表現の自由を守る」存在であるべきだ》と主張する。《中立は聞こえがよい。しかし中立とは往々にして、その問題に無知、無関心であるか、自己保身のために意見を明確にしないかということである。》とその欺瞞性を指摘したうえで、アパルトヘイト（人種隔離）に立ち向かったツツ牧師の言葉を引用する。《もしあなたが不正義が行われている状況で中立なら、あなたは圧政者の側を選択したことになる》と。

与那覇氏の論考は多岐にわたっているが、外国の知識人や若者たちの日本（人）への評を紹介することで国際的視野を広げてくれるのも、本書の魅力の一つである。これは、与那覇氏の堪能な英語力によるところが大きい。《ある韓国人留学生の言葉が忘れられない。日本人は問題について意見を聞かれても、黙って笑ったり『わからない』と答えたりする人が多い》《ベトナム人留学生は言った。日本人は自分の国や社会の問題について議論しない》《マレーシア人の…留学生も言った。「テレビ番組やタレントの話ばかりで国や社会の問題を語れる友人がいない。がっかりした」》。アジアの若者に、日本がどう映っているかについて知ることができる。これらは与那覇氏が、直接英語の会話を通して得たものであるが、このような機会のない私などにはとても新鮮さを覚える情報だ。与那覇氏は国際会議などで同時通訳をもこなす。《第五回ＤＵＯ「占領下の対話」国際会議に通訳を手伝う形で参加》し、《沖縄の抱える問題について新たに学び…沖縄問題をグローバルな視点から捉え直す機会を与えられた》という。

与那覇氏のペンの切っ先が、現政権の告発に向かうと、いよいよ鋭さを増す。

《テレビに首相の顔が映る度に怒りが噴出する私だが、（中略）沖縄のある年齢層には共通したものらしい。（中略）なぜ沖縄で現政権に対する怒りが強いのか。もちろん、辺野古新基地建設への民意無視の強硬姿勢ゆえである。（略）だがそれだけではない。この怒りは現政権が積み重ねてきた施政に対する積み重なった怒りなのである》

このようにおのれの立場を明確にしたうえで、安倍政権のファシズム的暴走の数々を具体的・場所的に告発する。目取真俊は、時評的文章を書くにあたって、《「こと」が終わってから書くのではなく、「こと」が起こっているさなかに、あるいはその前に書くことを大切にした》（『沖縄／草の声・根の意志』）と述べていたが、与那覇氏の文から伝わってくるのはまさにこの文章を書くにあたっての覚悟であり、白熱する「こと」のただ中で書く、潔さである。

《「共謀罪」法案が23日、……衆議院で可決された。（中略）共謀罪は計画段階で罪とする場合の定義が不明確だ。辺野古の抗議に参加しようと誘い合うだけで適用される可能性が高い。国連特別報告書も表現の自由、プライバシー侵害の恐れがあると指摘した。》

与那覇氏が告発・批判するのは、国のおかしな動きや政治家の問題発言だけではない。あきれて問題にさえしない言動や普段見過ごしがちな小さな異変、世間に流布しているデマにも丁寧に反論する。新聞など読まずネットに氾濫する偽情報に頼る若者たちにも一つ一つ言及する。《「辺野古基地建設反対運動をしている人たちってお金をもらってやっているんですよね」／20代の若者の発言に驚いた。友人、知人が身銭を切って辺野古に行き、バス賃がばかにならないことを嘆きながら、それでも自らの小遣いから差し入れをしたり、カンパをしたりしている状況を知っているからだ。》《これから現場はさらに厳しい状況となる。それでも「平和な沖縄」をこれからの世代に残したいとの思いだけで、人は辺野古の現場に集まり続ける。若者にその背中をみてほしい》と呼びかける与那覇氏の声は切実であり、その姿勢が共感を呼ぶ。与那覇氏の文章に共感しつつも、論の粗さや文章の緻密さに欠けると指摘する読者もいるかも知れない。そのような人は、「県民投票の結果は真摯に受け止めます」と言って、即座に土砂を投入する者どもの支離滅裂な論をも是非糺してもらいたい。とは言え、私とて、与那覇氏の立論にすべて同意しているわけではない。故翁長雄志知事の提唱した「イデオロギーよりアイデンティティー」を理念とする「オール沖縄」の孕む矛盾と限界にふれてないことや、私が「品格を欠いた書物」と評した藤原正彦の『国家の品格』を推奨していることなど、違和感を覚えつつも、なお本書を大いに推奨したい。ファシズム化の進む危機の時代にあって、著者のように国家の害毒を告発し続ける反骨の大学人がどれほどいるかと思うからである。故新崎盛暉は生前に次のように書き留めていた。《若いときに現状打破の闘いに参加しながら、いつの間にか役職や立場を逃げ口上にして、自分のやれることをどんどん狭めていった人たちが多かった結果、いまのような世の中になった》と。ファシズム完成に向けて垂れ流す「日毒」（八重洋一郎）を何としても阻止しなければならない。

あとがき

最初の「論壇」投稿はカジノ問題だったかと思う。教育に携わる者としてカジノ導入の動きにやむにやまれぬ思いがしてのことだ。以来、腹ふくるる思いを押さえることなくストレス解消とばかりに利用させていただき、「日記代わりか」と自ら揶揄したくなるほど頻繁に投稿するようになった。恥ずかしい思いは常にあるものの、言いたいことを発散できる快感が自らを公の場に晒すことの恥に打ち勝ってきた。ある先輩はそれを「中毒になる」と表現していたが、まさにその通りである。

瀬名波栄喜元学長は「学問の場は右も左も自由に意見を言い合えるべき」、山里勝己学長は「人は書けなくなる時も来るから書ける時に書くべき」と、職場が意見の自由を尊重する大学であったことも幸いし、意見があるなら我慢することは無いと思ったりもしたのだった。「こんなこと書いて大丈夫?」と心配する声もあるが、新聞紙上で自由に意見を述べることのできる民主的な社会が、今のところ（辛うじて?）保たれている日本であることに感謝し安堵する。意見を述べることは、発言に責任を持つことであり、発言に反対する人の敵意を覚悟することだ。それは想定内であるが、「書いてくれてありがとう」という想定外の言葉には驚きや嬉しさでエネルギーが補充される。沖縄に生きる者として怒りや悲しみで投稿することが多い。メッセージが届いて欲しいと願う反面、投稿すべき問題が無くて困る、そんな沖縄になって欲しいと願わざるを得ない。そういう意味で、論壇投稿は私の沖縄への愛情表現でもある。

最近強まってきたと懸念するのは、日本社会の閉鎖性だ。「目立ちたくない」「責任を取らされたくない」「批判されたくない」という自己保身で発言を控えたりする。公に発言をしない「事なかれ主義」が強まっている感がある一方で、名前を公表しないネット上では言いたい放題で炎上も頻繁だ。公に発言したが故に攻撃される人に対し「ほら見たことか」という反応をする人もいる。「特定秘密保護法」という危険な法律によって政治の実態がますます国民から見えにくいものになり、「個人情報保護法」という一見まともな法律に縛られ、さらに密室社会になりつつある。（共謀罪がそれに輪をかけることだろう。）そのような閉鎖的な密室社会が多くの問題を生み出す原因にもなっていることを私達は認識すべきだろう。教育や政治の現場をより良いものにするためには、より開かれた社会であるべきだし、そのためには一人一人が開かれた個人になるしかないと思う日々である。

退職という人生の区切りを、詩集と論壇集の形でまとめる機会としたが、両方に共通することは細々と続けてきたということだけだ。コールサック社の鈴木比佐雄氏の肯定的な言葉と積極的な行動に背中を押され、躊躇している間に詩集と論壇集がいつの間にか目の前に出現した感じだ。つたない詩や論を同人誌に掲載し続けてくれた平敷武蕉氏には改めて感謝したい。

与那覇恵子